HISTOIRE

DE

SAINS-MORAINVILLERS

SA SEIGNEURIE -- SON ÉGLISE
SES HAMEAUX

PAR

le Chanoine MARTINVAL,

Doyen du canton de Ressons-sur-Matz,
Curé de Boulogne-la-Grasse,
Officier d'Académie

BEAUVAIS

TYPOGRAPHIE D. PÈRE, A. CARTIER, GÉRANT

1897

HISTOIRE

DE

SAINS-MORAINVILLERS

Sa Seigneurerle, — Son Eglise
Ses Hameaux.

CHAPITRE PRÉLIMINAIRE

L'histoire de Sains-Morainvillers est celle des deux anciennes paroisses de Sains et de Morenvillers. Elle présente peu d'intérêt ; néanmoins nous avons jugé à propos de l'écrire, afin de conserver les notes recueillies pendant vingt années que nous avons été à la tête de cette paroisse. Les documents anciens se perdent si vite ! Il y en a déjà tant qui ont disparu !

Aujourd'hui, ces deux anciennes paroisses, Sains et Morainvillers, n'en forment plus qu'une seule, sous le nom de Sains-Morainvillers, administrée par un seul curé.

Autrefois, Sains et Morenvillers étaient du doyenné de Breteuil. Le décret de Mgr Villaret, du 6 floréal an XI (26 avril 1803), a modifié cet état, en attachant Sains-Morainvillers au doyenné de Maignelay nouvellement créé. D'après ce décret, les paroisses du doyenné de Maignelay furent ainsi établies :

CANTON DE MAIGNELAY

Cure, Maignelay

1. *Coivrel.*
2. *Dompierre* et Godenvillers.
3. *Ferrières* et le Petit-Crevecœur.
4. *Léglantier.*
5. *Royaucourt,* Domélien, Domfront.
6. *Sains-Morainvillers*, Lombus.
7. *Welles,* Pérenne, Grand et Petit-Harissart.
8. *Courcelles*, Epayelles, Tronquoy,
9. *Wacquemoulin,* Ménévillers.
10. *Méry.*
11. *Saint-Martin-aux-Bois,* Mont-Gérin.
12. *Tricot.*
13. *Frettoy,* Ploiron, Vaux.

Remarques : 1° Le canton de Maignelay, ainsi constitué, fut formé en grande partie de paroisses enlevées au diocèse d'Amiens, par suite de la délimitation des départements de la Somme et de l'Oise. (Dompierre, Godenvillers, Ferrières, Crèvecœur-le-Petit, Royaucourt, Domélien, Domfront, Welles-Pérenne, le Frétoy, le Ploiron, le Tronquoy et Vaux, entrèrent dans le diocèse de Beauvais.)

2° La paroisse de Montigny, distante d'un kilomètre de Maignelay, ne figure pas dans le tableau ci-dessus; c'est parce que, chose à peine croyable, unie à Nourard-le-Franc, elle fournit une paroisse du doyenné et du canton de Saint-Just-en-Chaussée. Elle ne fut incorporée au canton et au doyenné de Maignelay, qu'en 1849 par ordonnance du 8 décembre.

3° Wacquemoulin a perdu son titre de succursale, et actuellement cette paroisse, quoique du canton de Maignelay, est unie à celle de Montiers, du canton de Saint-Just.

Les villages de Sains et Morenvillers ont toujours appartenu au diocèse de Beauvais.

PREMIÈRE PARTIE

Seigneurie de Sains.

CHAPITRE Ier

Les Seigneurs.

Sain (Sanus locus) Seins, Sains au 12e siècle; une charte de 1237 porte *Sanis et Sanctis.*

En l'année 1121, Eudes III, évêque de Beauvais, enleva aux chanoines de Saint-Quentin de Beauvais le prieuré de Saint-Just-en-Chaussée, pour le constituer en une abbaye qu'il donna aux Prémontrés. D'abondantes libéralités furent faites à cette abbaye. Parmi les noms des bienfaiteurs, on compte un seigneur de Sains, dont M. Delettre (II, page 103) ne dit pas le nom, mais il indique la source où il a puisé ce renseignement, Louvet I, page 506.

En 1183 ou 1184, le comte de Flandre passa l'hiver à Montdidier. Pendant ce séjour, intervint un arrangement entre l'église Saint-Pierre de Beauvais et le maieur de *Pucenses* (village, de la chatellenie de Montdidier, près de Ravenel, détruit depuis plusieurs siècles). Parmi les signatures apposées au bas de cet arrangement, sont les noms suivants : « *Signum Petri de Montaigni, cognomento Heri — Signum Ursionis militis de Montaigni — Signum Osmundi de Sains — Signum Radulphi de Ansoviller, etc.* »

Cet Osmond de Sains, chevalier, était donc seigneur de Sains en 1183. Il fut un des premiers bienfaiteurs de l'abbaye de Froidmont, comme on peut le voir dans le cartulaire de cette abbaye publié par l'abbé Deladreue. En 1191, il « aumosna aux moines de Froidmont deux muids de bled de rente sur sa grange de Sains. » On sait que cette dénomination de *grange* veut dire *ferme*. Du mariage d'Osmond avec Cécile naquirent, entre autres enfants, Raoul qui succéda à son père dans la seigneurie de Sains en 1223, Guillaume qui se croisa en 1204, Girard, Jean et Robert qui donna, en 1226, quatre mines de terre à l'abbaye de Froidmont, sous l'administration de l'abbé Bernard.

En 1252, Girard de Sains fit remise à la même abbaye de 14 mines de blé et 7 quarteaux qu'elle lui devait.

Nous lisons encore les noms de nos seigneurs dans la pièce suivante.

Dans un registre de Philippe-Auguste, on trouve le rôle des chevaliers de la chatellenie de Montdidier appelés à prêter serment devant le Roy pour les fiefs qu'ils possédaient dans la circonscription. On y lit : *Radulphus de Sains, homo ligius, tenet præposituram de Rocquencourt et homagium medietatis homagii Johannis de Sains et medietatem homagii Roberti majoris et medietatem Odonis de Moranviller, et debet exercitum et equitatum ad usum Viromandensem et tenet terram quam habet apud Sains. De stagio nescit et de amplius si debet, debet inquirere... Johannes de Campo Remeriis homo tenet vice comitatum de terra sua de Kesnoi, et debet exercitum et equitatum ad usum Viromandensem, stagium non debet.* »

Vers 1315, Alix de Marigny, sœur de l'évêque de Beauvais, dame de Margny-sur-Matz, épousa Jean de Sains, gentilhomme. La famille de ce Jean de Sains possédait encore la terre de Margny au xvi⁰ siècle, puisque nous voyons en 1569 un autre Jean de Sains restaurer l'église du village. (Voir l'histoire du doyenné de Ressons par ▆M. Martinval ▆▆▆▆▆▆, page 84.) Ces Jean de Sains étaient-ils aussi seigneurs de notre Sains, des descendants ou des collatéraux ?

Un *Vidimus* de la charte du mois d'octobre 1411, qui prononce la réunion de la ville de Chauny à la couronne, fut délivré par Jehan (de Dargies), seigneur de Sains, de Houssoye et de Boulogne-la-Grasse, en partie, chevalier, chambellan du roy et bailli de Vermandois, à la résidence de Laon. (Comité historique de Noyon vii p. 179.) (1).

Graves, dans sa notice sur Sains, dit que la seigneurie de notre paroisse fournit un évêque au diocèse de Senlis au xvi⁰ siècle. Il a eu le tort de ne pas citer le nom de cet évêque. C'est Nicolas de Sains, mort en 1517 (2).

Avant 1627, *Anne Gobelin* ou Gobelain, épouse de Charles des Tournelles, seigneur de Plainville, était dame de Sains. Le 3 juin 1627, elle fit son testament, dans lequel nous lisons ce qui suit :

« Plus, je veux qne mes héritiers fassent dire tous les jours à perpétuité une basse messe dans l'église de mon village de Sains en Picardie, pour le repos des âmes de mon père, ma mère et mon mary et la mienne, et que ce soient eux qui nommeront toujours l'homme d'église qui la célébrera, voulant qu'il soit plein de probité, piété et capable, d'autant que je veux qu'il fasse le catéchisme tous les dimanches et festes de l'année publiquement, dans la dite église de Sains, pour l'instruction du peuple tant dudit village que des autres, et attendu que le dit homme d'église réside et demeure sur les lieux, chargeant mes héritiers pour cet effet de payer tous les ans 300 livres pour lui et 20 livres pour le luminaire, pain et vin pour célébrer ladite messe, s'ils n'aiment mieux acheter du fond de terre qui vaille pleinement les 300 livres de rente susdite, lesquelles seront affectées à cet effet et veux que l'on achète un calice et des burettes d'argent qui sera affecté pour toujours servir à la dite messe.

« Plus, je charge mes héritiers de payer tous les ans à l'église de Saint-Michel de Plainville 30 livres de rente que feu mon mary a légué par son testament, et

---

(1) Le sceau de Jean de Dargies, en 1409, portait 9 merlettes autour de l'écu.

(2) Dhomme et Vattier, *Recherches chronologiques sur les Évêques de Senlis*, 1866.

que j'ai été condamné de payer par le procès que j'ai
eu avec ma sœur. Et moi, par le mien testament, je
laisse pareille somme de 30 livres de rente a ladite
église Saint-Michel de Plainville et autant à chacune de
celles de mes villages, scavoir, à celle de Quiry-le-Sec
et de Sains et celle de Morenvilliers et celle de Brunvilliers, laissant au choix de mes dits héritiers de leur
payer les sommes par leurs mains ou de leur acheter
du fond de terre qui vaille pleinement à chacune de
ces églises les dites 30 livres et par ce moien je charge
chacune des dites églises de faire dire tous les ans à
perpétuité, au jour qu'il aura plu à Dieu de m'appeler,
un service, savoir, la vieille, Vigille, le lendemain les
Commendaces, et une messe haute, et ce pour le repos
de l'âme de feu mon mary et la mienne... » (1).

Cette dame mourut la même année 1627, laissant
pour héritier :

Antoine Goblin, chevalier, marquis de Brunvilliers,
seigneur de Sains, Morenvillers et le Quesnoy. En 1651,
il épousa Marie-Madeleine d'Aubray, fille de Dreux
d'Aubray, lieutenant civil au Châtelet de Paris, seigneur d'Offémont. Marie-Madeleine d'Aubray, communément désignée sous le nom de Marie d'Aubray, ou
de marquise de Brinvilliers, est la fameuse empoisson-
néuse qui fut condamnée à mort par arrêt de la Cour
de Paris le 16 juillet 1676. Elle eut la tête tranchée sur
la place de Grève : son corps fut ensuite brûlé ; on jeta
ses cendres au vent. Nous en parlerons plus loin.

Le 19 mars 1677, Louis de la Ferté et Jean Malo,
directeurs des créanciers de Marie d'Aubray, vendirent
toutes les terres du marquisat la somme de cent vingt
mille trois cents livres à messire *Henri de la Motte-
Houdancourt*, commandeur des ordres du Roy, archevêque d'Auch. Ce prélat mourut en 1624.

----

(1) Il y eut de très grandes contestations de la part des possesseurs
postérieurs de la seigneurie de Plainville pour le paiement de cette
rente. Plusieurs fois le Parlement a rendu des arrêts en faveur du
curé et de la fabrique dudit Plainville. Il n'en fut pas de même pour
le paiement de la rente faite aux autres églises.

Il eut pour héritiers, chacun pour un quart, dans toutes les terres et seigneuries, Hiérosme de la Motte, évêque de Saint-Flour, le duc d'Aumont, le duc de Ventadour et la duchesse de la Ferté-Séneterre.

Hiérosme de la Motte eut, pour son lot, la terre et seigneurie de Sains, Brunvillers, Morenvillers et le Quesnoy, qu'il donna l'année suivante, le 8 septembre 1685 à *Charles de la Motte-Houdancourt*, son neveu.

Suivant l'abbé Morel (Houdancourt, page 74), le marquisat de Brunvillers-la-Motte comprenait : la seigneurie de Brunvillers, les terres de Sains, Morainvillers, le Quesnoy, les fiefs des Tournelles, de la Vertime (ou Vertume), de Fumechon, du champ Trois-Œufs et du bois d'Hangest. Toutefois, il garda l'usufruit de ses propriétés sa vie durant. (Arch. du château du Fayel). Toutes ces terres avaient été érigées en marquisat au mois de mai 1660, en faveur d'Antoine Gobelin qui avait pour épouse l'empoissonneuse Marie-Madeleine d'Aubray. Gobelin étant mort sans enfant mâle, le titre de marquis s'était éteint avec lui. Mais Charles de la Motte-Houdancourt obtint de Louis XIV, au mois de novembre 1700, que cette seigneurie reprît son ancien titre (1).

En 1719, le comte de la Motte-Houdancourt vendit les terres de Sains, Morenvillers, Le Quesnoy et Brunvillers, à M. Bourgeois de Boynes, moyennant un million cinquante mille livres. Sellier, l'historien du bailliage de Montdidier, parlant de cette acquisition faite par M. de Boynes, dit : « Cette somme fut payée en billets de banque. On sait que dans cette année 1719 et au commencement de 1720, la plus grande partie des personnes qui se sont mêlées de ces billets de banque ont fait des fortunes considérables. D'ailleurs, M. Bourgeois était un des premiers directeurs ou régisseurs des bureaux de ces billets, *et c'était lui qui les signait.*

---

(1) Dans la liste des personnes ayant droit de porter les armes, dressée par d'Hosier sous les ordres de Louis XIV, on trouve Jacques Le Prévost, receveur de Sains et intéressé dans les affaires du Roy. Il portait : *d'or à un maillet de sable.*

Il ne faut pas, par conséquent, être surpris des grands biens que possède présentement la maison de M. Bourgeois. D'ailleurs, elle est très digne de sa fortune par les emplois distingués et honorables que le mérite lui a produit, comme l'Intendance de Besançon, remplie, en ceste année 1756, par M. Bourgeois de Boynes fils. »

Ce seigneur restaura et agrandit le château de Sains, qui était très vaste, bien qu'il n'eût qu'un rez-de-chaussée. Partant de la rue Sainte-Eusoie, longeant la place devant l'église, il tournait à angle droit pour présenter sa façade au soleil levant. L'architecture extérieure était simple. Deux frontons avec des ornements sculptés, surmontaient les principales portes d'entrée, donnant sur une cour d'honneur fermée d'un côté par l'église, de l'autre par des bâtiments, et au bout par un large fossé creusé contre une forte muraille.

La disposition intérieure était des plus commodes et des plus agréables. Les appartements avaient de vastes cheminées décorées de sculptures et de peintures que nous aimions à visiter. Les portes et les boiseries étaient de véritables œuvres d'art.

Cette charmante habitation a été construite à deux époques différentes. La partie qui est dans le village fut édifiée la première, vers la fin du XVIe siècle, mais la façade qui regardait l'avenue des tilleuls, a été bâtie par M. de Boynes. Afin d'embellir encore cette demeure, ce seigneur fit ouvrir la grande allée qui, partant du château, traversait en ligne droite le bois du Quesnoy et venait aboutir à l'ancienne route de Montdidier à Paris, par Saint-Just ; route encore visible aujourd'hui à l'extrémité du hameau du Quesnoy. A la jonction de cette belle allée avec ladite route, M. de Boynes fit élever un poteau portant cette inscription : Route de Boynes. Le coche de Montdidier qui passait là tous les lundis vers 6 heures du matin, allant à Paris, et tous les samedis à 4 heures du soir, retournant à Montdidier, était d'un grand avantage pour les hôtes du château.

Depuis trente ans, les fermiers de M. le duc de Luynes ont eu à cœur de faire disparaître tout ce qui rappelait le souvenir de M. de Boynes. Le bois du Quesnoy a été défriché, l'allée des tilleuls supprimée en partie, la façade principale du château démolie, ainsi qu'une partie de la construction primitive.

Les armes de M. de Boynes étaient: *d'azur à la bande d'argent chargée de 3 merlettes de sable.* On les voyait répétées plusieurs fois dans les salles principales.

En 1783, toute la seigneurie de Sains fut vendue en l'étude de Mᵉ Maigret, notaire à Paris, et achetée par Nicolas Dupré Saint-Maur.

L'affiche annonçant cette vente nous donne des renseignements précis sur la consistance de notre seignenrie. C'est pourquoi nous la transcrivons ici comme un document précieux :

TERRE EN PICARDIE

A vendre conjointement ou séparément et même par démembrement, s'il y échoit. Sur trois publications, en l'étude de Mᵉ Maigret, notaire à Paris, rue Sainte-Avoye.

Cette terre, qui a haute, moyenne et basse justice, consiste :

1° En la terre et seigneurie de Sains, fiefs et arrière-fiefs qui en dépendent ;

2° En la terre et seigneurie du marquisat de la Mothe, Brunvillers, circonstances et dépendances ;

3° En la terre et seigneurie de Moranviller et dépendances ;

4° Dans le fief d'Exauviller, situé sur le territoire du marquisat de La Mothe :

5° Et en une maison d'habitant et jardin, située au village de Sains, rue Saint Usoy.

Le château est en très bon état et bien meublé. Les meubles appartiendront à l'adjudicataire moyennant le prix auquel ils seront estimés par gens à ce connaissant.

Revenus annuels.

Censives.

1. Deux cent quatre-vingt-quinze mines, deux boisseaux d'avoine, mesure de Montdidier, à 3 l. 10 s. ; total, 1,033 l. 1 sol 8 deniers ;

2. Trente-six mines, six boisseaux de bled, aussi mesure de Montdidier, à 6 livres ; total 212 l. 15 sols ;

3. En argent, 414 l. 1 sol, 9 deniers.

Domaine de Sains :

Il est affermé avec le droit de champart et un arpent de bois, par bail du 30 mars 1774, pour 9 années, dont la première a commencé par la récolte de 1778, et la dernière finira par celle de 1786, moyennant 1166 mines, 8 boisseaux de bled, mesure de Montdidier, outre et par-dessus des autres conditions du bail.

En vertu d'une convention particulière, postérieure au bail, ce fermage au lieu d'être payé en grains, est payé par année en argent. à raison de 6 l., prix de chaque mine de bled, ce qui fait 7,000 livres.

Quinze mines et demi de terre ou environ, dépendant du même domaine, sont affermées par bail du 5 janvier 1775, pour 9 années, dont la première a commencé par la récolte de 1778, et la dernière finira par celle de 1786, moyennant 24 mines de bled, valant, à raison de 6 l. la mine, 144 l.

Moulin de Sains et terre en dépendant.

Ce moulin. la maison et bâtiments qui en dépendent, avec 43 mines de terre, sont affermés par bail du 3 mars 1774 ; savoir, le moulin pour 9 années, qui ont commencé au 1ᵉʳ janvier 1776 et finiront au dernier décembre 1784, moyennant 108 mines et 4 boisseaux de bled, mesure de Montdidier. Ce bail est prorogé jusqu'au dernier décembre 1786, et les terres pour 9 récoltes, qui ont commencé par celle du mois d'août 1778 et finiront par celle de 1786, moyennant 100 mines de bled.

Ce fermage, en vertu d'une convention particulière, postérieure au bail, au lieu d'être payé en grains, se paie par année en argent, à raison de 1,250 livres.

Ancien domaine de la Mothe.

Ce domaine. consistant en 500 mines de terre, est affermé par bail du 4 janvier 1775, pour 9 années, récolte 1778 à 1786, moyennant 864 mines de bled, valant 5,184 livres.

Fief Fumechon.

Il consiste en 91 mines de terres affermées le 5 janvier 1775 pour 9 années, de 1778 à 1786, moyennant 204 mines de bled, valant 1,224 livres.

Fief des Tournelles.

Ce fief consiste en 210 mines environ de terre affermées par bail du 4 janvier 1775 pour 9 années, de 1778 à 1786, moyennant 408 mines de blé valant 2.448 livres.

Fief de la Vertune.

Il consiste en 84 mines de terre en une seule pièce, affermée par bail du 4 janvier 1775, pour 9 années, 1778 à 1786, moyennant 204 mines de bled valant 1,224 livres.

Moulin de la Mothe et terres en dépendant.

Ce moulin, la maison et bâtiments, avec 46 mines de terre sont affermés par bail du 5 janvier 1775 : savoir, le moulin pour 9 années, du 1er janvier 1778 au dernier décembre 1786, moyennant 650 l. en argent, suivant une convention particulière postérieure au bail. Et les terres aussi pour 9 années, 1778 à 1786, moyennant 90 mines de bled valant 540 livres.

Champart de la Mothe.

Ce champart est affermé par bail du 4 janvier 1775 pour 9 années, de 1778 à 1786, moyennant 850 l.

Champart du fief d'Exauviller.

Le champart de ce fief est affermé par bail du 27 mars 1778, pour 6 années, de 1781 à 1786 moyennant 750 l. en argent par année.

Maison d'habitant.

Elle n'est point occupée pour le présent. Mémoire.

Bois.

Ces bois consistent en 312 arpents 13 perches, divisés en cinq pièces.
La 1re, appelée le bois du Queshoy, contient 112 arpents.
La 2e, appelée le bois du Four, contient 94 arp. 31 perches.
La 3e, le bois du Fays, contient 65 arp. 35 perches.
La 4e, le bois de Tournelle, contient 10 arp. 47 perches.
La 5e, contient 30 arpents.
La coupe de ces bois se fait par douzième ou environ, d'année en année, et le produit annuel est de 4,000 livres.

Observations.

Toutes ces terres sont régies par la coutume de Montdidier.

Les droits féodaux sont pour la mutation des fiefs de quint et requint ; et les droits seigneuriaux sont pour la mutation des rotures du douzième du prix de la vente.

La continence de l'arpent est de 100 perches, la perche de 22 pieds et le pied de 11 pouces.

Cet état ne donne pas le détail des terres et bois formant la seigneurie de Morenvillers. Le temps, qui use toutes choses, a usé aussi une feuille du papier de notre affiche.

M. Dupré Saint-Maur a-t-il acheté tous les biens formant les seigneuries de Sains, de Morenvillers et de la Mothe ? Nous croyons qu'il n'a acheté que Sains et Morenvillers. Ce que nous savons, c'est que ce seigneur qui habitait Argent (dép. du Cher), envoyait de temps en temps à M. Froissent, son fondé de pouvoirs et son agent, demeurant à Brunvillers, un certificat qui attestait sa résidence en France. Lesdits certificats étaient présentés et enregistrés à la mairie de Sains, comme nous l'avons constaté plusieurs fois pendant l'époque révolutionnaire.

A Nicolas Dupré Saint-Maur, succéda (Comment? Par héritage ou par acquisition ?) dans la seigneurie de Sains, Madame d'Albert de Luynes, abbesse chassée de son monastère par la Révolution. Cette dame fit beaucoup de bien à la paroisse de Sains. Elle offrit à l'église tous les objets nécessaires au culte, quand la tourmente révolutionnaire fut passée. Elle remit aux mains du curé Lefèvre la somme de 2,000 fr. pour reconstruire le presbytère ; de plus, elle lui permit de faire abattre dans ses bois tous les arbres nécessaires pour les bâtiments qu'il fit édifier.

M. le duc d'Albert de Luynes succéda à sa grande tante dans la seigneurie de Sains, en 1800, et depuis, cette seigneurie est restée dans la famille de Luynes-de Chevreuse ; mais au moment où nous terminons ce travail, nous apprenons que cette terre est mise en vente.

DEUXIÈME PARTIE

Eglise, Chapelle du Saint-Sacrement et de Sainte Gaudence, Curés, Chapelains Cloches.

CHAPITRE PREMIER

L'Eglise.

Jusqu'au seizième siècle, il n'existait qu'une seule église pour Sains, Morenvillers et les hameaux. Cette église était au milieu du cimetière actuel. Des fondations soulevées de temps en temps par le fossoyeur en différents endroits, débris que nous examinions toujours avec attention, nous l'ont assez prouvé. Et la vieille chapelle de ce cimetière, démolie en 1850 par l'abbé Mervoyer, notre prédécesseur, était le chœur de l'ancienne église bâtie dans le style roman.

Près du cimetière, suivant la tradition, se trouvaient jadis l'habitation du curé et quelques autres maisons. Un puits, des caves et des restes de constructions que nous avons vus dans les pièces de terre avoisinantes, justifient la tradition.

Cette vieille église, comme celle actuelle, était sous le vocable de saint Brice, évêque et successeur de saint Martin, sur le siège de Tours, dont la fête se célèbre le 13 novembre. Delà vient le nom de *Courtil Saint-Brice* donné au cimetière. Un sentier qui y conduisait en quittant le chemin de Gannes, sentier aujourd'hui supprimé, mais que l'on remarque bien encore à l'époque où les blés murissent, s'appelait *Sentier Saint-Brice*.

Placée en cet endroit, l'église était facilement accessible à la population des différents hameaux composant la paroisse de Sains. Voilà pourquoi le cimetière est toujours resté commun, sans division aucune, même après l'établissement des deux paroisses, Sains et Morenvillers.

Au quinzième siècle, ce pays eut beaucoup à souffrir par suite des guerres. Plusieurs fois les habitants se réfugièrent dans les bois, abandonnant leurs demeures aux Anglais et aux Espagnols. Le fort de la Hérelle, objectif des armées dans cette contrée, attirait souvent des gens d'armes dans les pays d'alentour qu'ils pillaient et dévastaient. Qui sait si l'église de Sains ne fut point en partie détruite par nos ennemis de cette époque?

Donc, au seizième siècle, quand la paix fut rendue à la France, il fallut songer à reconstruire l'église, mais devait-on la rebâtir à la place de l'ancienne? Telle dut être, selon nous, la première question à résoudre.

Deux groupes d'habitations nombreuses existaient, Sains et Morenvillers. Sains était une seigneurie importante. Pourquoi alors ne pas construire deux églises et former deux paroisses distinctes? Sains avec le hameau du Quesnoy, Morenvillers avec le Longbus. Et puis oserait-on affirmer que la volonté du seigneur de Sains n'entra pas en ligne de compte dans la décision qui fut prise, pour ne pas dire qu'elle fut prépondérante? Ces seigneurs étaient assez puissants au xvie siècle pour imposer leur volonté. L'église de Sains fut édifiée au bout de la place publique, dont la jouissance était au seigneur, suivant la coutume : elle fut construite auprès du château, avec une porte spéciale pour le maître, porte qui a disparu de notre temps, et qui de la cour seigneuriale, permettait d'arriver dans l'église en passant par la petite sacristie. Fut-elle édifiée par le seigneur seul? Les écussons de la voûte du chœur et de la voûte de la petite sacristie permettent de le présumer. Malheureusement ils sont illisibles, de par la volonté des révolutionnaires du siècle dernier, et nous ne pouvons dire le nom du seigneur qui a fait construire notre église en 1530.

Elle est bâtie en pierres de craie, extraites d'un puits aujourd'hui fermé qui est à gauche de la grande allée des tilleuls. La construction première du château doit-être de la même époque, car le travail est en tous points semblable. Le portail ou porte principale, précédé d'un porche, n'a rien de caractéristique. La nef a des fenêtres géminées du xvie siècle. Nous ne savons pourquoi Graves dit que le collatéral nord a été ajouté. Il nous a toujours paru être de la même époque. Signalons en passant un reste de vitrail qui se trouve dans la fenêtre de ce collatéral près la chapelle de la Sainte-Vierge. La pureté du dessin et le coloris font vivement regretter la disparition de ce vitrail.

Le chœur moins élevé que la nef est voûté à nervures croisées portant des écussons au point d'intersections. Il est éclairé par deux grandes fenêtres ogivales, géminées et tréflées.

On remarque dans le sanctuaire, les lambris qui encadrent deux statues de grandeur naturelle, à droite, saint Martin, et à gauche, saint Brice, patron de la paroisse. Sur quatre panneaux de ce lambris étaient autrefois des peintures présentant des scènes tirées de l'Ecriture Sainte et de la vie des Saints. M. Mervoyer les a fait disparaître sous une couche de peinture. Ces lambris ne peuvent appartenir qu'au siècle qui a suivi la construction de l'église, ainsi que le retable du maître autel. Ce retable, soutenu par des colonnes torses, autour desquelles s'enroule un cep de vigne portant feuilles et fruits, mérite d'attirer l'attention des visiteurs.

On voyait jadis au-dessus du tabernacle, dans un encadrement qui formait comme une crèche, un groupe en bois sculpté, représentant la nativité de Notre Seigneur. Au milieu, l'Enfant divin reposant sur un lit de paille bien marqué sur le socle ; à gauche, la sainte Vierge à genoux ; et à droite, saint Joseph dans l'attitude de la prière. Admirables sculptures. Mais cette gracieuse ornementation disparaît de jour en jour, et à l'ancien succède le moderne. Le chœur était séparé de la nef par une boiserie et des panneaux du xvie siècle, aboutissant à deux belles colonnes corinthiennes, réunies à leur sommet par une traverse sur laquelle était placée une *pieta*, remarquable par la douleur qu'exprimait la figure de la sainte Vierge contemplant son divin Fils mort et reposant sur ses genoux. Qu'est devenu ce beau groupe, ainsi que la grande croix qui la surmontait et s'élevait jusqu'à la voûte? Combien d'Eglises seraient fières de posséder ce qui a été rejeté de celle de Sains depuis quinze ans seulement !

La petite chapelle de la Sainte Vierge placée à gauche du chœur et communiquant avec lui par une grande ouverture ogivale, n'a rien de remarquable. Les vitraux de sa fenêtre sont d'une belle composition. Ils sont sortis des ateliers de M. Bazin du Mesnil-Saint-Firmin, et ont été payés par les membres de la confrérie de Notre Dame du Mont-Carmel, vers 1868.

INSCRIPTIONS

Les inscriptions conservées étaient au nombre de trois.

I. Sur une pierre à l'entrée du chœur on lisait :

« Mme de Plainville par son testament, a fondé l'annuel perpétuel quy se dict en ceste église pour le repost des âmes de ses père et mère, de son mary, et de la scienne pourquoy elle a donné 320 livres par an au chapelain, quy se patent par le seigneur de Plainville.

« Et M⁰ Claude Bruhier, receveur de Sains, a donné pour le logement du dict chapelain une maison, chambre, grange, jardin et héritage scituée en la grande rue, tenant d'un lez à la ruelle Drion, à la charge que le chapelain dira un de *profundis* avecq l'Oraison à la fin de chacune messe pour le repos de l'âme dudict Bruhier, de ses parents et amis trépassez, et encore d'assister au service et festes solennelle qu'on dira Matines pour y servir de Diacre à la messe et porter chappe à vespres. 1690.

La maison dont la donation est ici relatée, est le presbytère actuel. A la révolution elle fut vendue comme propriété de la nation étant l'habitation du vicaire. Peu après, elle fut échangée contre un jardin situé au Bois-Thibaut, par M. Lefèvre, curé constitutionnel, qui la laissa par testament à la commune, à condition que celle-ci donnerait 4,000 fr. à ses héritiers. Le logement du curé avant la révolution se trouvait plus près de l'église, en face du portail, dont il n'était séparé que par la petite place qui existe encore. La maison curiale était bâtie dans ce vaste et beau quadrilatère borné au midi par la rue Sainte-Eusoie, au levant par la place, et s'étendant jusqu'au puits qui est à gauche, à l'entrée de la grand'rue. La rue du cul-desac formait sa limite au couchant.

II. Au-dessus du lambris, près de la porte de la sacristie est la deuxième inscription :

D. O. M.

Siste gradum, christiane viator, et lege.

« Icy repose le cœur de Dame Magdeleine de l'Ausbépine, fille de M. Claude de l'Ausbépine, conseiller d'Estat du Roy, prévost des ordres de S. M. veuve de M' Baltazar Gobelin, conseiller d'Estat du Roy et Président en la chambre des Comptes : A la mémoire de laquelle M' Antoine Gobelin son fils, chevallier, seigneur, marquis de Bruvilliers, Sains, Le Quesnoy, Moranvilliers, d'Estourmel, comte d'Offémont, baron de Nourard, seigneur de Verneuil et Chapel en partie, cy-devant colonel du régiment de Normandie et mareschal des camps ès armées de S. M. a fait poser ceste épitaphe et fondé rois grandes messes pour le repos de son âme et celle de feu M' Baltazar Gobelin, son père et la sienne et celle de dame Marie Magdeleine d'Aubray, son épouse, fille de M' Dreux d'Aubray, conseiller d'Etat du Roy et lieutenant civil de la Prévosté et Vicomté de Paris, lors de leurs décès qui se chanteront le 13 octobre dont contrat a été passé par devant Michault, notaire royal à Saint-Just, le 12 octobre 1670, présent Marc Leullier, curé de Sains et les Marguilliers qui les feront célébrer à perpétuité.

Requiescant in pace. Amen.

Les noms que rappelle cette épitaphe, surtout celui de Marie Madeleine d'Aubray, ont trop d'importance, pour que nous ne donnions pas ici le résumé d'une notice publiée naguère par notre ami M° Coët, de Marle.

M' Dreux d'Aubray, conseiller d'Etat du Roy et lieutenant civil de la prévoté et vicomté de Paris avait acheté, vers 1632, le château d'Offémont, saisi sur Henri II de Montmorency, décapité pour ses méfaits. Dreux d'Aubray faisait parfois sa résidence en ce

château bâti dans un site des plus riants et des plus paisibles. Il avait quatre enfants, entre autres une fille, Marie Madeleine, qui fut élevée dans le manoir d'Offémont.

En 1651, Marie Madeleine fut mariée à Antoine Gobelin, marquis de Brunvillers, seigneur de Sains, Le Quesnoy, Morenvillers, etc... Antoine Gobelin était fils de Balthazar Gobelin et de Madeleine de l'Aubespine.

Le marquis jouissait de 30,000 livres de rente et Marie Madeleine apportait en dot 200,000 livres. Avec une pareille fortune, les jeunes époux pouvaient mener une vie joyeuse. C'est ce qu'il firent.

Étant à l'armée, vers 1660, le marquis se lia d'amitié avec le chevalier Gaudin de Sainte Croix, capitaine dans le régiment de Tracy-Cavalerie. Sainte Croix était originaire de Montauban. C'était un chevalier accompli, mais absolument dénué des biens de la fortune.

Un jour le marquis amena Sainte Croix en son château et le présenta à sa femme. Sainte Croix et la marquise se plurent à première vue et furent bientôt intimes. Le marquis, fort adonné aux plaisirs, n'apporta par sa jalousie aucun empêchement à cette intimité. Il continua ses folles dépenses, et bientôt ses affaires se dérangèrent, au point que la marquise demanda et obtint une séparation. Avec la liberté, elle s'abandonna totalement à Sainte Croix.

L'insensibilité du mari, Antoine Gobelin, détermina M. d'Aubray père, scandalisé de la conduite de sa fille, à solliciter une lettre de cachet qui l'autorisât à faire arrêter Sainte Croix partout où celui qui en était porteur le rencontrerait. Un soir qu'il passait en carrosse sur le Pont-Neuf avec la marquise, il fut arrêté et conduit à la Bastille (1663), d'où il sortit après un an de captivité.

Pendant sa détention, Sainte Croix avait connu l'italien Exili, grand artiste en poison, qui lui avait appris à composer des poisons subtils capables de donner la mort, sans laisser de traces.

Sainte Croix jura de se venger de la famille d'Aubray. Il fit part de ses projets et de sa science à sa maîtresse Marie-Madeleine, qui désigna elle-même son père comme devant être la première victime. Mais auparavant elle voulut essayer le poison de Sainte Croix. Un jour que Françoise Roussel, sa femme de chambre entrait chez elle après son déjeuner, elle lui donna une tranche de jambon et des groseilles confites, afin qu'elle déjeunât à son tour. Cette fille mangea de ces aliments sans défiance; elle fut indisposée, mais ne mourut point. Marie Madeleine comprit que le poison n'était pas assez violent. Au bout de quelques jours Sainte Croix lui en apporta un autre.

M. Dreux d'Aubray devait aller passer ses vacances au château d'Offémont et y prendre un peu de repos. Marie Madeleine s'offrit pour l'accompagner ; ce que le père accepta volontiers.

Jamais fille n'avait eu pour son père autant de soins, autant d'attentions que celle-ci, pendant le voyage de Paris à Offémont. Au château elle l'accablait de caresses et de prévenances. Après avoir ainsi capté toute sa confiance, elle crut le moment d'agir. Un soir donc, elle empoisonna un bouillon et le fit elle-même avaler à son père, voyant ainsi sans s'émouvoir couler la mort dans les entrailles paternelles ; puis, lorsque M. d'Aubray eut tout bu, elle se retira dans sa chambre, attendant et écoutant impassible.

Les effets du breuvage furent prompts et, quand elle entendit son père pousser des cris et des gémissements, elle accourut si inquiète que le père se trouva forcé de la rassurer sur son propre état. Mais le poison faisait ses ravages. Un médecin appelé de Compiègne ne vit pas la gravité du mal et conseilla, à sa seconde visite, le retour à Paris. Sur les instances de Marie Madeleine, le père consentit à ce voyage. Toutefois à Paris le poison ne ralentit pas son action mortelle ; au bout de quatre jours le père infortuné expira dans les bras de sa fille, bénissant celle qui l'avait assassiné.

Alors la douleur de la marquise éclata en sentiments si vifs, en sanglots si profonds, que celle de ses frères parut froide auprès de la sienne. Personne ne soupçonnait un crime.

Cependant la succession de M. Dreux d'Aubray ne

fut pas aussi avantageuse que la marquise l'avait
espéré. De plus, ses frères et sa sœur carmélite, lui
ayant fait des reproches sur sa conduite, elle résolut de
se débarrasser de ces censeurs incommodes.

Sainte Croix avait à son service un valet nommé Jean
La Chaussée. La marquise parvint à le faire entrer chez
ses frères dont l'un était conseiller au Parlement et l'autre lieutenant civil, habitant ensemble. Moyennant une
forte récompense La Chaussée se chargea d'accomplir le
crime. Une première tentative ne réussit pas. Mais aux
fêtes de Pâques de 1670, au château de Villequoy, en
Beauce, La Chaussée parvint à ses fins. Le lieutenant
civil mourut le 17 juin, soixante-douze jours après
l'absorption du poison qui avait été mis dans une tourte
aux pigeonneaux. Le conseiller ne tarda pas à le suivre.

On fit l'autopsie du lieutenant et les médecins conclu-
rent à un *signe non équivoque de poison*. La Chaussée ne
fut pas soupçonné.

Marie Madeleine qui était à la campagne, prit le deuil
de ses frères.

Quant à Sainte Croix, il continuait ses folles dépenses
et recherchait un poison dont la seule émanation devait
donner la mort. Dans une de ses préparations, le
masque de verre dont il se couvrait le visage s'étant
détaché tout à coup, Sainte Croix tomba comme frappé
de la foudre.

Cette mort étrange causa une certaine émotion dans
Paris et força la police à intervenir et à poser les scellés.
Certaines démarches de La Chaussée éveillèrent des
soupçons. Le 8 août les scellés furent levés; alors
on trouva différentes sortes de poisons en paquets et
dans des fioles, puis des notes compromettantes pour
La Chaussée et la marquise.

La Chaussée fut aussitôt arrêté; son procès s'ins-
truisit et le 4 mars 1673, convaincu d'avoir empoi-
sonné le lieutenant civil et le conseiller, il fut condamné à être rompu vif et préalablement soumis à la
question. Au troisième coin, il fit des aveux com-
plets qui compromettaient gravement la marquise. Le
24 mars, il fut roué en place de Grève.

A la mort de Sainte-Croix, Marie Madeleine s'était retirée à Liège dans un couvent. Un mandat d'amener fut décerné contre elle, et, peu à près elle fut amenée prisonnière à Paris.

Dès les premiers interrogatoires, elle nia malgré les preuves évidentes de sa culpabilité. Enfin elle entra dans la voie des aveux.

Le 16 juillet 1676, elle fut condamnée à faire amende honorable devant le portail Notre-Dame et à avoir la tête tranchée sur un échafaud en place de Grève, son corps brûlé et ses cendres jetées au vent, plus, à quatre mille livres d'amende et aux dépens.

La marquise écouta cet arrêt sans frayeur et sans faiblesse.

Enfin, après s'être réconciliée avec Dieu, elle subit sa condamnation avec fermeté.

En 1814, M. d'Offémont, effrayé de l'approche des Alliés, fit dans une des tourelles du château plusieurs cachettes où il enferma des objets précieux de sa demeure. Lorsque les troupes étrangères eurent re-passé la frontière, on songea à retirer de ces cachettes ce qui y avait été enfermé. En sondant les murs, une des parois rendit un son creux. On attaqua la muraille et on découvrit des fourneaux, des instruments de chimie, des fioles bouchées contenant des liquides et quatre paquets de poudre. Ceux qui firent cette trou-vaille anéantirent fioles et paquets, et ainsi fut perdue la dernière occasion d'analyser et d'arriver par ce moyen à connaître les substances dont se composait le poison de Sainte-Croix et de Marie Madeleine d'Aubray, marquise de Brunvillers, Sains, le Quesnoy, Morain-villers et autres lieux.

Sur une pierre tombale dans la chapelle de la Sainte-Vierge :

« Cy gist le corps de defunt Marc Leullier, vivant prêtre curé de Sains lequel decedda le 26 juillet 1676, âgé de 50 ans, natif de Quincampoix, fils de Marc Leullier, son père, lieu-tenant dudit lieu. »

CHAPITRE II.

La chapelle du Saint-Sacrement et de Saint-Gaudence (1).

Dans le courant de l'année 1716, un vol a été commis, la nuit, dans l'église. La porte du tabernacle fut forcée et les saintes espèces furent prises et profanées. Le lendemain, on en retrouva quelques-unes à peu de distance de l'église, au bout de l'allée actuelle des Tilleuls, à droite, à sa jonction avec le bois du Quesnoy. En réparation de ce sacrilège, le comte de la Motte Houdancourt, seigneur de la paroisse, fit bâtir à l'endroit où les saintes hosties avaient été trouvées, une chapelle expiatoire, qui fut bénite le 3 mai 1728, sous le nom de chapelle du Saint-Sacrement.

Voici l'acte de cette bénédiction :

«Le troisième jour de mai mil sept cent dix-huit, fête de l'Invention de la Sainte-Croix, en vertu et exécution de la commission de Monseigneur l'Evêque et Comte de Beauvais, en date du 29 janvier 1718, signée François-Honorat Antoine Evêque et Comte de Beauvais, et plus bas : par Monseigneur, Vaslin, à nous adressée, Je Jean Trannoy, prêtre, curé de Froissy et doyen de Breteuil, certifie m'être transporté au village de Sains, diocèse dudit Beauvais, et y avoir béni, suivant les cérémonies ordinaires, une chapelle à l'entrée du bois dudit Sains et assez proche de l'église paroissiale dudit lieu, sous l'invocation du Très Saint-Sacrement, le tout conformément à ladite commission à nous adressée, assisté et en présence de M⁺ Louis Gromart, prêtre, curé dudit Sains, et de M⁺ Adrien Trannoy, prêtre, curé de Quinquempoix, et en présence de M. Robert Millon, receveur dudit Sains, d'Etienne Dumouchel, marguillier en charge et autres qui ont signé avec nous. »

Dans cette chapelle furent placées des reliques de saint Gaudence ; et la population ne l'appela jamais autrement que chapelle de saint Gaudence.

En 1770, Pierre-Etienne de Boynes, ministre de la marine, seigneur de Sains, voulant avoir une chapelle domestique près de son château, fit rapporter cette chapelle au bout du chœur de l'église paroissiale. (Il mit

---

(1) La châsse ancienne portait cette invocation : *Sancte Gaudenti, ora pro nobis.*

en cet endroit un calvaire qui fut renversé pendant la Révolution, et le rond-point où était ce calvaire servit de place pour la danse du village, jusqu'au jour où le terrain fut labouré par le fermier, après le défrichement du bois de Quesnoy vers 1860). La chapelle adossée au chevet de l'église, reçut une nouvelle bénédiction le 20 mars 1777, comme le prouve l'acte suivant :

« L'an mil sept cent soixante-dix-sept le jeudi 20° jour de mars a été faite par nous soussigné Claude-Alexandre Portier, prêtre, curé de Sains, doyen rural de Breteuil, en vertu d'une commission à nous accordée par Monseigneur de la Rochefoucauld, Evêque Comte de Beauvais, Vidame de Gerberoy, Pair de France, en date du onze janvier dernier, signée: François-Joseph, Evêque-Comte de Beauvais, et plus bas : par mandement, Joubert, la bénédiction d'une chapelle nouvellement construite et adossée contre le chœur de l'église, aux frais et dépens de Monseigneur Pierre-Étienne de Boynes, ministre de la marine, pour lui servir de chapelle domestique. La dite chapelle étant à la gloire et à l'honneur du Très Saint-Sacrement au lieu et place d'une chapelle ci-devant érigée à l'entrée du bois du Quesnoy, qui avait été bénite le 3 mai 1718. A la dite bénédiction ont assisté M Pierre Ango, curé de Montigny, doyen rural de Ressons, M Antoine Mesnard, curé de Morenvillers, Jacques-Auguste de Cagny, vicaire de Montigny, Antoine Porret, marguillier, et plusieurs autres personnes qui ont signé avec nous. »

Les reliques de saint Gaudence renfermées dans une châsse de bois de forme ovale, furent encore placées au-dessus de l'autel, où elles restèrent jusqu'en 1864. Le 28 janvier de ladite année M. Martinval, alors curé de la paroisse, en fit faire la reconnaissance par M. Louette, doyen de Maignelay, accompagné de plusieurs ecclésiastiques et marguilliers, et ces précieuses reliques furent mises dans une nouvelle châsse et placées dans l'église à côté du maître autel.

Le seigneur avait accès dans cette chapelle domestique par une porte qui sert encore aujourd'hui au fermier pour venir dans l'église. Une seconde porte s'ouvrait sur la rue pour les fidèles. Le vestiaire actuel de la sacristie est l'ancien autel qui n'a pas été déplacé. Pour que le seigneur eût la faculté d'entendre la messe paroissiale en restant dans sa chapelle, on fit une ouverture carrée au chevet de l'église ; il l'ouvrait ou fermait à volonté. Toutes choses sont restées telles qu'elles étaient autrefois, si ce n'est que cette chapelle sert actuellement de sacristie pour l'église de la paroisse, bien que la propriété en soit au possesseur de la terre de Sains. M. Mervoyer, curé, voulut un jour s'opposer au passage du fermier pour se rendre à l'église par cette sacristie, il fit même murer la porte dont il n'avait jamais eu la clef ; mais il fut prouvé, que la propriété en était exclusivement à M. le duc de Luynes, qui payait les impôts du terrain, et, que ni la commune, ni la paroisse n'avaient aucun droit sur cette ancienne chapelle. Si donc elle sert de sacristie à l'église, c'est par une simple tolérance de la part de la généreuse famille de Chevreuse de Luynes.

CHAPITRE III.

Les Curés

1. Denis LEFEBVRE. C'est le premier nom que nous avons trouvé.

Il commença en 1626 les registres de la paroisse concernant les baptêmes, mariages et sépultures, conformément aux édits royaux.

2. Etienne DARRAS. 1630 à 1641.

Dans un acte de baptême du 3 mai 1639, ce curé écrit : François Lemaire, fils de François Lemaire et de Simonne de Soissons, fut baptisé à Plainville, *à cause de la fuite des habitants de Sains audit Plainville.*

En 1641, E. Darras fut nommé à la cure de Saint-Pierre de Montdidier, poste qu'il occupa jusqu'en 1683.

3. Adrien BUCQUET. Il prit possession de la cure en avril 1642.

Des écrivains ont prétendu qu'Adrien Bucquet fut, avec Antoine Bucquet, chapelain de l'Hôtel-Dieu de

Montdidier, Claude Bucquet curé de Saint-Pierre-de-Roye, et Pierre Guérin, curé de Saint-Georges-de-Roye, un des chefs des illuminés de Picardie, communément appelés *Guérinets.* Rien ne justifie cette assertion. (Voir le n° 5 des pièces justificatives de mon histoire et pouillé du diocèse de Noyon, ouvrage couronné par la société des Antiquaires de Picardie.)

Ce curé mourut à Sains en 1660, et fut enterré dans église le 12 septembre.

4. Marc LEULLIER. Il était natif de Quinquempoix. Il mourut le 26 juillet 1676, ayant été curé de Sains l'espace de 16 ans, et fut inhumé dans l'église, devant l'autel de la Sainte-Vierge. Nous avons rapporté plus haut l'inscription qui recouvre sa tombe.

5. Louis GROMART. Il arrive à Sains en septembre 1676.

Le 7 octobre 1690, il reçut au château de Sains, le testament de Marguerite Le Boucher, duquel nous extrayons les notes suivantes :

« Marguerite Le Boucher était veuve de Florimond de la Hoche, officier de la Fauconnerie du Roy. Elle veut que son corps soit inhumé dans l'église de Sains, et elle donne à la dite église la somme de trente livres qui sera employée à acheter deux rideaux verts pour couvrir la contre-rétable (1). Elle veut de plus être recommandée aux prières de la paroisse, et qu'on chante pour elle le *De profundis* ou le *Languentibus.* Elle donne au curé et au magister 60 sols pour trois messes chantées. Pour son annuel, elle donne au sieur curé (à moins que le sieur de la Hoche, son fils prêtre, ne préfère acquitter ces messes), la somme de deux cents livres. Quant à ses biens temporels, elle les a donnés à Robert de la Hoche, son fils aîné. Elle prie son fils, Antoine de la Hoche, prêtre, de tenir la main à l'exécution de ce testament. »

_____

(1) Que faut-il entendre par cette expression ? Probablement les boiseries à droite et à gauche du retable, sur lesquelles étaient des peintures, comme nous l'avons dit précédemment.

Le 29 mai 1697, il reçut le testament de Catherine Peaucellier, veuve de Jean Rigaud, par lequel elle donnait à l'église de Sains, une maison, chambre, grange, étable, cour, jardin, placés sur trois quartiers et demi de terre tenant au presbytère, à condition que l'église ferait chanter à perpétuité un obit tous les ans avec salut de sainte Catherine, le dimanche suivant.

Cette donation pouvait être avantageuse pour le presbytère, puisqu'elle ajoutait au terrain trois quartiers et demi, environ 80 verges. Mais, à cause des bâtiments, elle constituait pour l'avenir une lourde charge à la fabrique obligée de pourvoir à leur entretien. Cette difficulté se présenta en 1731, sous le successeur de M. Gromart, et voici l'accord qui intervint entre le curé et les paroissiens.

« Le septième jour d'octobre mil sept cent trente-un, par devant nous, Marc Porret, lieutenant des terres et seigneuries de Sains, Morenvillers, Le Quesnoy, furent présents en leurs personnes messire Estienne le Moine, prêtre, curé dudit Sains, y demeurant, Jean Wattier, laboureur et marguillier en charges, et les principaux habitans dudit Sains étant assemblés au devant de la principale porte et en tête de la dite église, au sortir de la messe paroissiale chantée en ladite église, lesquelles nous ont dit et remontré que deffunte Catherine Paucellier, vivante femme de Jean Rigaud, demeurant audit Sains, laquelle a donné et légué à ladite église pour fondation perpétuelle, une maison, chambre, grange, étable, cour, jardin et héritage ainsi que le tout s'étendent et comportent, contenant en total trois quartiers et demy, situé audit Sains au lieu dit la Place, tenant d'un lez au presbytaires et aux hoirs Brice Gueudet, d'autre à rue, d'un bout à la rue du Sacq, d'autre à la dite place, provenant des propres de ladite Paucellier, ainsi qu'il est porté par le testament de ladite Paucellier passé par devant messire Louis Gromart, cy devant curé dudit Sains, en datte du vingt-neuf may mil six cent quatre-vingt-dix-sept, controllé à Halluin le cinq juin en suivant, à la charge que ladite église sera tenue de faire chanter et célébrer tous les ans à perpétuitée un obit d'une messe haute avec le salut de sainte Catherine, le dimanche d'après, ainsi qu'il est portée par ledit testament. Et comme ladite maison et autres bâtimens sont presque de nul valeur et en d'anger de périr si l'on ni remédie au plutôt, et pour éviter à ladite église les réparations desdits bâtimens qui pouroit monter à une somme très considérable et plus que les bâtimens ne valent, lesdits marguilliers et habitans onts par ses présentes consenty et consentent que ledit sieur le Moine et ses successeurs curé jouissent à l'avenir desdits bâtimens et héritage cy dessus déclarée acceptant par ledit sieur le Moine à commencer la jouissance du jour et datte desdittes présentes. Et onts encor lesdits marguilliers et habitans consenty et consentent par ces mêmes présentes que ledit sieur le Moine démolissent ledit bâtiment pour être rétablis sur la rue pour servir de grange audit acceptant et à ses successeurs et de telle grandeur que lui plaira, le tout à ses frais et dépens, à la charge par ledit acceptant et ses dits successeurs de payer et acquitter les consives que peuvent devoir lesdits bâtimens et héritage par chacun an à l'avenir payer et acquitter laditte fondation et autres charges clauses et conditions portés au dit testament et d'entretenir laditte grange de grosse et menue réparation qui pourront arriver à l'avenir, en sorte que ledit marguillier et habitans n'en soient aucunement recherchés ny inquiétés, ainsi que le tout a été accordé, promettant le contenu cy dessus tenir et entretenir à peine de tous dépens domages et intérest. A quoy nous avons lesdits sieur curé, marguilliers et habitans de leur consentement condamnés et ont signé avec nous à la minutte. Laquelle minutte a été controllée et insinuée à Halluin le dix-huit dudit mois par le sieur Mauger, commis, qui a reçu pour droit cinq livres huit sols. »

Acte d'inhumation de Mᵉ Louis Gromart. « Le trente unième jour du mois d'octobre 1720, a été inhumé dans l'église de Sains devant le crucifix, Mᵉ Louis Gromart, prêtre, curé de l'église de Saint-Brice de Sains, décédé le trente du présent mois, âgé de soixante-quinze ans, après avoir desservi avec édification la cure dudit Sains pendant plus de quarante-quatre ans. Ont assisté à son enterrement Messire Antoine de Reberguer, prêtre curé de Montigny et doyen rural de Ressons ; Mᵉ François Dodé, prêtre curé d'Ansauville ; Mᵉ Jean Legrand, prêtre curé de la Mothe ; Mᵉ Adrien Trannoy, prêtre curé de Quinquempoix ; Mᵉ Pierre Mouret, curé de Moranviller ; Mᵉ François Audefroy, prêtre curé de Gannes ; Mᵉ Antoine Carpentier, prêtre chapelain dudit Gannes ; Mᵉ du Royon, prêtre curé de Crèvecœur-le-Petit, diocèse d'Amiens; Mᵉ Gromart Jean, prêtre, neveu dudit défunt, et Jean Trannoy, curé de Froissy et doyen rural de Breteuil. »

6. Jean GROMART, neveu du curé précédent.

Acte d'inhumation :

« Le dimanche vingt-cinquième jour de février 1725, est décédé et le vingt-sixième jour a été inhumé, Me Jean Gromart, prêtre curé de l'église de Saint Brice de Sains, âgé d'environ quarante-huit ans, ayant desservi ladite cure l'espace de quatre ans et demi. Ont assisté à son enterrement Me François du Royon, prêtre curé du petit Crèvecœur, diocèse d'Amiens ; Me Antoine Cozette, curé d'Ouelles au diocèse d'Amiens ; Me Jean Legrand, prêtre curé de la paroisse de Saint-Michel de Brunvillers-la-Mothe ; Me Pierre Mouret, curé de la paroisse de Moranviller ; André-Louis Gomel, vicaire desservant la cure de Montigny. L'enterrement a été fait par Me Jean Trannoy, prêtre curé de Froissy et doyen de Breteuil. »

7. Jacques DE LA RUE. Le premier acte rédigé à Sains par ce curé, qui ajoutait à son titre celui *d'ancien professeur de rhétorique de la ville de Beauvais*, est du 12 août 1725.

Il naquit à Gerberoy le 2 juillet 1693 ; il était fils de Pierre de la Rue, lieutenant général au vidamé de Gerberoy, et de Marguerite Breisset.

Après avoir terminé ses études au collège de Saint-Germer, de la Rue suivit au collège de France le cours de l'abbé Massieu, helléniste distingué. En 1713, l'élève révéla son talent poétique par une traduction en vers de la douzième Olympiade de Pindare. En 1715, il racontait, dans une Ode de deux cents vers, les exploits de Louis XIV.

Les goûts littéraires de Jacques de la Rue lui ouvrirent la carrière de l'enseignement. L'Université l'admit dans son sein et il fut nommé professeur de seconde au collège de Beauvais. Pendant douze ans, Nicolas Desjardins, du village d'Artemps, près de Saint-Quentin, y avait professé la rhétorique avec éclat. De la Rue marcha dignement sur ses traces, et en 1722 il monta dans la chaire de rhétorique.

A la distribution des prix, les élèves du collège, selon l'habitude, donnèrent une représentation théâtrale. Pendant deux jours, les élèves jouèrent deux pièces composées par leur professeur : *Daniel*, tragédie sacrée en cinq actes et en vers, et *Les Captifs*, comédie en trois actes, aussi en vers, tirée de Plaute. La tragédie était précédée d'un prologue, et un épilogue terminait la comédie. Entre les deux pièces, un acteur récita, comme intermède, une traduction en vers du Psaume III. Le succès fut complet.

En 1724, de la Rue résigna ses fonctions de professeur contre la place de curé de Sains. Comment ce professeur en vint-il à descendre de la chaire où il professait avec tant de talent, pour se retirer dans une petite paroisse de la campagne ?

Arrivé à Sains, sa réputation le fit rechercher de la bonne société des environs, et, en homme aimable, il payait les prévenances dont il était l'objet en rimes gracieuses. A Ravenel, il adressa un sonnet au châtelain, M. de Bouchart, en faisant l'anagramme du nom de son épouse, Jeanne d'Amerval. A Halluin, une partie de quadrille qui tourna à son avantage, lui fournit l'occasion d'un rondeau au marquis de Longueval, l'un des joueurs.

La littérature ne lui faisait pas négliger les devoirs de son état. De la Rue était aussi un orateur distingué. Le 1er juillet 1728 il se fit entendre dans la chaire de l'église Saint-Pierre, de Montdidier, à l'occasion de la fête de la translation des reliques des saints Lugle et Luglien, si honorés en cette ville. Le 4 octobre suivant, il prononça, dans l'église des Capucins de la même cité, le panégyrique de saint François d'Assise.

En 1730, notre curé quitta la paroisse de Sains pour devenir principal du collège de Beauvais. La solitude d'un presbytère devait peser à cet homme ardent et actif. Son dernier acte inscrit dans les registres de la paroisse, est daté du 27 juillet 1730.

Dans cette position élevée, de la Rue se livra tout entier à ses goûts littéraires. A l'arrivée du duc de Gesvres, gouverneur de Paris, rendant visite à l'évêque de Beauvais Etienne de Gesvres, il lui présenta une Ode, que l'évêque paya en gratifiant son auteur d'une demi-prébende à la cathédrale.

Après vingt ans d'exercice, le principal se démit de sa charge et il vécut en retraite dans la ville de Beauvais, semblant vouloir se retirer du Parnasse, si nous en croyons la pièce suivante :

Hélas ! à soixante ans, la vieillesse pesante
M'annonce que l'esprit décline avec le corps ;
Et des maux qu'elle amène, une suite effrayante,
Du cerveau le meilleur attaque les ressorts.
Je ne le sens que trop : cette froide vieillesse
Avance chaque jour, arrive à petits pas ;
Et mes vers n'ont plus les appas
Qu'autrefois leur donnait la brillante jeunesse.

Malgré ces plaintes, notre ancien curé rima jusqu'à son dernier soupir. Il mourut subitement dans la nuit du 9 au 10 août 1764, à l'âge de 71 ans, un mois, sept jours. Il fut inhumé dans la nef de la cathédrale (E. Coët).

8. Etienne LEMOINE. Son premier acte comme curé de Sains est du 1er avril 1731 ; depuis le départ de Jacques de la Rue, la paroisse était administrée par F. de Montigny, religieux cordelier.

Dans le registre des comptes de la fabrique signés de ce curé, nous voyons que Germain Gueudet, marguillier en charge, a payé, en 1746, la somme de 168 livres, plus 6 mines de blé au maître d'école pour son gros. G. Gueudet était fermier des terres de l'église.

Etienne Lemoine mourut le 1er juillet 1747 et fut inhumé le lendemain dans la nef de l'église, en face du crucifix. Il était âgé de 70 ans environ.

9. Pierre-Jacques VUEREL-DUCAUREL. Avant d'être curé de Sains, il avait desservi la cure d'Ansauvillers. Il était doyen rural de Breteuil. Son premier acte à Sains est du 19 septembre 1747.

Notons différents faits locaux survenus pendant l'exercice de ce curé :

Le 1er juin 1750, Monseigneur l'Evêque de Beauvais

vint visiter l'église de Sains et y administra le sacrement de Confirmation à 160 personnes de la paroisse. Messieurs les curés de Morenvillers, Brunvillers, Quinquempoix et Gannes, y ont amené leurs paroissiens.

Le compte de l'année 1749 indique qu'il a été vendu pour 140 l. d'arbres au cimetière afin de réparer la chapelle. Cette réparation a coûté 101 livres 6 sols 6 deniers.

La somme payée au curé pour l'acquit des fondations est de 104 livres; celle payée au clerc pour le même objet est de 34 l. 12 s. 8 deniers.

Délibération du 8 avril 1753 : « Les habitants de la paroisse de Sains étant assemblés en la manière accoutumée pour délibérer sur les affaires de leur communauté, et notamment sur la permission accordée par Mgr l'évêque de Beauvais de prendre sur les deniers de la fabrique, jusqu'à la somme de 300 livres, pour la construction d'une école publique, aux termes exprimés dans la requête présentée à ce sujet à Sa Grandeur, après avoir entendu la lecture de ladite permission, ont de nouveau consenti à l'effet de ladite construction, et ont autorisé et autorisent François Mercier, marguillier en la présente année, à acheter les bois et matériaux nécessaires pour du tout en rendre compte auxdits habitants après l'ouvrage achevé, sous l'inspiration toutefois du sieur curé. »

Autre délibération du même jour, 8 avril 1753 : « Les sieur curé et habitants s'étant assemblés en la manière ordinaire pour avoir été dûment convoqués par un avertissement au prône dudit jour et le son de la cloche, à l'effet de délibérer sur l'élection d'un maître d'école, place vacante par la mort de Jean Duvoir, qui était aussi greffier de la justice, ils sont convenus, vu le partage des sentiments et des goûts, qu'il serait fait trois colonnes dans une feuille de papier, au haut desquelles seraient écrits les noms de Toussaint Duvoir, fils du défunt, de Barthélemy Bachellé, autre aspirant à cette place, et dans la troisième il serait écrit le mot *étranger*, que chacun des chefs de famille s'approcherait de l'autel et placerait une croix au-dessous du nom de

celui qu'il agréerait pour maître d'école, de manière
que celui des aspirants dont le nom serait chargé d'un
plus grand nombre de croix, sera censé élu d'une commune voix, et dans le cas où l'étranger aurait cet avantage, il ne sera procédé à son élection qu'après une
information de vie et de mœurs et de doctrine, pour
laquelle lesdits habitants s'en rapportent à la vigilance
du sieur curé. »

Toussaint Duvoir fut élu.

Le dimanche 7 décembre 1753, nouvelle assemblée
de la paroisse qui décide que les travaux pour la construction de l'école commenceront de suite, et elle
autorise le marguillier en charge à prendre, dans le
coffre de la fabrique déposé dans la sacristie, dont ledit
marguillier à une clef ainsi que le sieur curé, les
sommes nécessaires pour payer les ouvriers.

En 1754 la fabrique dépensa 44 livres pour l'entretien
de la maison du chapelain.

Délibération du 6 avril 1755.

« Les habitants de la paroisse de Sains soussignés se sont
assemblés en la manière accoutumée après les convocations
requises pour délibérer des affaires de leur communauté et
notamment au sujet de plusieurs édifices construits depuis
quelques années par le sieur Vuérel-Ducauvel, curé actuel
pour sa commodité, dont les uns sont sur l'emplacement de
l'ancien presbytère, d'autres sur un terrain cédé par la communauté à M. Lemoine, ci-devant curé, pour en jouir lui et ses
successeurs. Les dits habitants après avoir discuté entre eux
le parti qu'ils devaient prendre pour que ces bâtiments nou-
veaux ne devinssent pas dans la suite onéreux à leur communauté, ont arrêté, déclaré et protesté, le dit sieur curé
actuel présent, qu'ils n'entendaient pas être chargés à l'avenir
des réparations tant grosses que menues qui pourraient
survenir aux dits bâtiments de nouvelles constructions et
spécialement à celles du colombier placé sur le terrain de
l'ancien presbytère, laissant au reste au s. curé qui l'a
fait construire la faculté de s'en servir ou de le faire abattre
toutes fois et quantes qu'il le jugera à propos: desquelles
protestations et déclarations ils ont demandé acte au dit
sieur curé qui les a accordé et consenti par sa signature

apposée au bas du présent acte avec celle des délibérants ledit jour et an que dessus. »

Gueudet,	François Warmé,
Duquesne,	Louis Duquesne,
Pierre Bachellé,	Claude Denisart,
Jean-François Duquesne,	Nicolas Martin,
Charles Porret,	André Pézier,
René Gérard,	Jean Muldbled,
Dubreuil,	François Dupoty
Duvoir.	Vuérel, curé.

Dans les comptes des années 1753 et 1754, rendus le 30 mai 1756, par Jean Mercier, marguillier en charge, nous lisons :

Il est payé aux religieux qui sont venus prêcher la Passion et la Résurrection, 10 livres pour les deux années.

Il a été acheté une chasuble verte et une rouge, 26 livres ; une chasuble de toute couleur, un drap mortuaire et un devant d'autel violet, 64 livres 7 sols.

Pose d'un christ à la croix d'argent, 83 l. 9 sols. — Achat d'une vierge dorée pour l'autel de la Sainte-Vierge 60 l. — Un bâton de confrérie, 28 l. — Quatre chandeliers en bois doré, avec la croix, 24 l. — Dix bouquets et les pots dorés, 13 l. — Un bâton de croix argenté, 10 l. — Canons de la messe, 10 l. — Un bénitier en cuivre, 10 l. 10 sols. — Deux chandeliers d'acolythes argentés, 52 l. 3 sols.

Dans les mêmes années, il a été payé par le marguillier 302 l. 11 sols pour la reconstruction de l'école.

Le dernier acte rédigé par le sieur Vuérel est du 20 mars 1757.

Où est mort ce curé ? Nous ne trouvons pas de renseignements à ce sujet.

10. Claude-Alexandre PORTIER, originaire de Wavignies. Son premier acte à Sains, est du 22 juillet 1757 ; il fut nommé doyen rural de Breteuil en 1705.

Le compte rendu en 1757, par le marguillier en charge nous donne l'état des recettes pour l'acquit des fondations de l'église.

Reçu de Mgr l'archevêque d'Auch pour l'obit par lui renouvelé, 10 livres,

Reçu des héritiers de M. de la Neuville pour plusieurs fondations, 20 livres.

— Du sieur Le Brassour, pour l'obit Millon et Marie Carpentier, 6 l., 6 s., 8 d.
— Pour les obits de Jean et Marc Leullier, 3 livres.
— Pour l'obit de François Warmé, 1 l. 5 sols.
— Pour l'obit de François et Antoine Le Maire, 2 l., 30 s.
— Pour l'obit d'Antoine Wattier, 1 l. 5 s.
— Pour l'obit de Jean Rigaut et Jeanne Pézier, 1 l. 5 s.
— Pour l'obit de Marie Hazard, 1 l.
— Pour l'obit de Germain Gueudet et sa femme, 3 l.
— Pour l'obit de Charles Porret et Marie Warmé, 2 l. 10 s.
— Pour l'obit de Renée Le Maire et Éléonore Cailleux, 1 l. 5 s.
— Pour l'obit de François Rigaut, 1 l. 5 s.
— Pour l'obit de Pierre de Lattre et Charlotte Dumonchel, 2 l. 10 s.
— Pour l'obit de Jean Duquesne, 1 l. 10 c.
— Pour l'obit de M. Lemoine, ancien curé, 8 livres (1).

Le 20 mai 1759, la communauté réunie en assemblée générale décida l'achat de plusieurs ornements pour la somme de 670 l. environ.

En 1770 le marguillier en charge inscrit dans l'état des recettes *35 livres à cause de la rente que les chanoines réguliers de Saint-Quentin doivent à la fabrique.*

La même année, la fabrique avait encore en caisse la somme de 800 livres. Elle fut placée en rente sur les chanoines de Saint-Quentin de Beauvais, comme nous l'indique la délibération suivante :

« L'an 1770, le 29 juillet, à l'assemblée convoquée extraordinairement, préalablement annoncée au prône, et ce jourd'hui tenue à l'issue des vêpres dites et chantées en l'église de Sainte-Brice de Sains, au sujet d'une somme de 800 livres des deniers oisifs, appartenant à la fabrique et qu'il n'a pas été possible de placer à constitution dans l'emprunt ouvert par le clergé, ce qui a été représenté par Mᵉ Claude Alexandre Portier, qu'il se trouvait un nouvel emprunt ouvert par Messieurs les prieur et chanoines régu-

---

(1) Outre les obits ici indiqués, il y en avait encore beaucoup d'autres qui étaient, soit à la charge du curé, comme celui de Marguerite Le Boucher, fondé le 7 octobre 1670, soit à la charge des particuliers à cause d'une maison, d'un jardin ou d'une pièce de terre.

liers de l'abbaye de Saint-Quentin de Beauvais; l'affaire mise en délibération, il a été unanimement convenu et arrêté de placer la dite somme de 800 livres à constitution et rente sur les dits sieurs prieurs et chanoines réguliers au profit d'ycelle église et fabrique à l'effet de quoi ils donnent plein pouvoir à Jean Muiddebled, marguillier en charge d'ycelle église et donner la dite somme, de passer et signer à cet effet tous actes que besoin sera. Ce fut fait et délibéré à l'assemblée tenante les dits jour et an. »

Le 20 janvier 1782 l'assemblée des habitants autorisa Jean François Mercier à faire construire un confessionnal. Il fut payé 120 livres. Ce confessionnal fut fait sur l'ordre donné par Mgr l'Evêque de Beauvais, lors de sa dernière visite. Le même marguillier fut aussi chargé de faire exécuter les lambris du chœur et les places de la nef du côté du château. Il eut de plus la charge d'acheter une bannière dont le coût fut de 67 livres 12 sols 3 deniers.

En cette année on posa dans l'église pour 81 livres de pavé de Mortemer et une table de pierre devant la croix de fer qui est à l'entrée du bois du Quesnoy, à la place de la chapelle du Saint-Sacrement.

Le 29 juin 1784, dans une assemblée générale, il fut représenté que le beffroi du clocher menaçait ruine, ce qui était dangereux pour les cloches et l'église elle-même : que la petite cloche était cassée depuis 20 mois. L'assemblée approuva les travaux proposés.

Le 12 mars 1786, l'assemblée générale autorisa Léonard Audefroy, marguillier, à acheter un dais pour la procession du Saint-Sacrement, une chape verte pour le célébrant, et à placer sur le clergé de France, la somme de 600 livres, savoir : 175 livres pour la fabrique de cette paroisse, et 425 livres pour la charité ; les dites sommes faisant partie de sept années des anciens arrérages qui étaient dus par Mgr de Boynes, provenant de la rente de l'Hôtel de ville de Paris, le surplus ayant été distribué aux pauvres. L'assemble a ensuite autorisé la refonte des cloches dont la grosse et la petite étaient cassées; cette refonte coûta 761 livres. En cette année furent aussi payés les travaux du beffroi, 1146 livres.

Grêle de 1788. — Cette grêle fut un véritable désastre pour la paroisse. Les fermiers de l'église, ceux qui devaient des obits ou des surcens ne purent les payer. Toutes les récoltes furent perdues : que faire en face d'un semblable malheur ? L'église était bien munie de tout ce qui était nécessaire au culte, les bâtiments paroissiaux, le presbytère et l'école n'avaient besoin d'aucune réparation ; il n'y avait qu'un parti à prendre, exempter de paiement les créanciers. C'est ce qui fut décidé par la délibération suivante, *extraite du registre des délibérations de la municipalité des paroisses de Sains et Morenvillers :*

« L'an mil sept cent quatre-vingt-onze le dimanche 30 janvier, à l'Assemblée convoquée extraordinairement par le M. le Maire en l'église de Sains au son de la cloche, en la manière accoutumée, où le conseil général de la commune composant la municipalité dudit lieu, s'y rendirent, ainsi que le sieur curé, marguillier et habitans de ladite paroisse, à l'effet de délibérer sur les affaires de leur fabrique, principalement au sujet des revenus d'ycelle fabrique de l'année 1788, qui a été jusqu'à ce jourd'hui en sursis, vu que l'orage de grêle arrivé le 13 juillet de ladite année 1788 a entièrement ruiné leurs récoltes, sans aucune réserve, leurs blés, leurs avoines, leus fourrages et généralement tous autres grains, et pour surcroît de ce malheur, cette affreuse grêle a tellement refroidi la terre, que la récolte de 1789 a été tout au plus d'un quart de dépouille ordinaire, encore le blé ne rendait que la moitié d'une année commune, en considération de ce malheur pour les fermiers de la fabrique et toutes autres personnes de ladite paroisse qu'ils doivent des surcens et obits de ladite fabrique, après avoir murement examiné, avoir délibéré d'une voix unanime que la remise de la portion desdits fermiers, surcens et obits, due à ladite fabrique par différents particuliers serait totalement faite pour la dite année 1788, excepté les étrangers qui seront tenus de payer ce qu'ils doivent ès-mains de Pierre Delattre, laboureur, marguillier de ladite année 1788 ; il a été convenu en la même assemblée qu'au moyen de cette remise de ladite année 1788, l'année 1789 serait payée au moment de ladite délibération, ce faisant, au moyen de la remise faite, les fermiers et autres personnes de ladite paroisse qui doivent à ladite fabrique, demeureront quitte et déchargés de ladite année 1788. »

APPENDICE.

LA RÉVOLUTION.

Nous ne raconterons pas les œuvres de la Révolution à Sains. A l'époque où nous sommes arrivé, M⁰ Portier avait déjà vu les excès des meneurs révolutionnaires, car, ici comme ailleurs, il y eut d'abord des actes de taquineries contre le curé et la religion, et plus tard des actes d'hostilité et enfin de vandalisme, pour ne pas dire de sauvagerie, tant les ruines furent grandes. M⁰ Portier ne les vit pas ; il mourut le 23 septembre 1792, âgé de 73 ans, et son corps fut inhumé le lendemain, non plus dans l'église, à côté de ses prédécesseurs, mais dans le cimetière.

Claude-Alexandre Portier ne prête point serment à la constitution civile du clergé. Dans le registre des délibérations de la municipalité, on lit : « L'an 1792, le dimanche 23 septembre, nous... maire de la commune de Sains-Morainvillers, district de Breteuil... et comme le sieur Claude-Alexandre Portier, curé dudit Sains est infirme depuis environ 10 mois, nous sommes transporté au presbytaire dudit Sains, avons trouvé le dit sieur curé au lit presque agonisant et pas de connaissance, à l'effet de lui publier cette loi et le serment qu'il était tenu de prêter, le voyant hors d'état de nous répondre, à quoi nous nous sommes retirés... »

Le successeur du digne et vénérable M⁰ Portier, fut *Pierre-François-Victor Lefèvre.*

Nous lisons ce qui suit dans le registre de la paroisse pour l'année 1792 : « Pierre-François-Victor Lefèvre, originaire de la paroisse de Montigny, dont il fut vicaire, fut élu à la cure de Sains le dimanche 18 novembre 1792 par l'assemblée électorale du district de Breteuil, conformément à l'article 25 de la constitution civile du clergé, après avoir reçu l'institution canonique du citoyen Jean-Baptiste Massieu, évêque du département de l'Oise. Le dimanche 2 décembre 1792, il prêta le serment requis par la constitution devant le conseil général de la commune, et en présence du peuple assemblé. »

M. Lefèvre ne fut point inquiété pendant la Révolution. Quand les églises furent fermées et que l'exercice du culte ne fut plus permis, il devint secrétaire au district de Breteuil, où, à cause de ses opinions bien connues, il vécut tranquillement. Lorsqu'un peu de liberté fut rendue à l'Eglise, il revint à Sains.

Le 24 mai 1803, Mgr Jean Chrysostome Villaret, évêque d'Amiens, Beauvais et Noyon, le nomma régulièrement à la cure de Sains-Morainvillers.

Disons quelques mots de l'administration de M. Lefèvre.

De 1702 à 1824, il ne se trouve dans le registre de la paroisse aucune indication relative aux recettes ni aux dépenses de la fabrique.

Mais à partir de cette année 1824, nous avons des actes dans lesquels nous relevons les particularités suivantes.

« Exercice de 1824, compte que rend par devant MM. le Maire et membres du conseil municipal de la commune de Sains-Morenvillers, M° Pierre-François-Victor Lefèvre, prêtre curé desservant dudit Sains et trésorier de la fabrique pendant sa gestion de l'année 1824.

Premièrement à cause du reliquat du compte de M. Trannoy, trésorier de la fabrique de Sains, depuis 1811, jusqu'au mois de juillet 1824, fait recette ledit comptable de la somme de 060 fr. 65 c., qu'il a reçue dudit sieur Trannoy le dimanche 13 du mois de février 1825.

2° Fait recette de 3 francs excédant de la quête quadragésimale.

3° Quêtes de l'église 01 fr. 17.

4° Places louées et relevées dans l'église le 0 novembre 1823, 07 fr. 85.

La dépense ne s'élève qu'à 68 fr. 35. Mais dans le détail on lit : payé 12 francs à Pierre Delatte, tonnelier, pour planches et cloison de l'école; payé 11 francs à Charles Glander pour avoir arrangé la mare du Bois-Thibault, les pieux et les verges compris.

Puis, M. Chevalier, maire, donne sur le registre quittance au curé M. Lefèvre, du reliquat en caisse qu'il touche en présence du conseil municipal asssemblé.

Les comptes de 1825 et 1826 ne présentent d'anormal que cette dépense : payé au sieur Rigaud, garde-champêtre, pour supplément de traitement en 1826, la somme de 50 francs.

Les comptes de 1827 et 1828 disent qu'en 1827 M. le duc de Chevreuse a offert en cadeau à l'église la somme de 100 francs et en 1828 celle de 50 francs.

Dans les recettes de ces années on trouve aussi deux amendes prononcées par M. Chevalier, maire et trésosier de la fabrique, en faveur de l'église, l'une de 30 francs et l'autre de 5 francs.

Au chapitre des dépenses de ces mêmes années, on lit : payé à Pierre-Antoine Delarue 4 fr. 35 pour avoir épandu des cailloux dans les rues, et à Louis Pézier 11 fr. 25 pour le même travail.

M. le duc de Chevreuse faisait chaque année un don à l'église, lorsque son fermier payait son fermage. En 1831 il donna 100 francs, en 1832, 50 francs; 100 francs en 1833, et même somme en 1834. Mais ces sommes données à l'église furent souvent employées à payer les ouvriers qui travaillaient aux mares où épandaient des cailloux dans les rues ; à payer 36 chandelles de 3 sous brûlées la nuit dans l'école au temps où l'on montait la garde, et à donner au tambour une gratification de 8 fr. 40 pour avoir raccommodé la vieille caisse.

Parmi les recettes perçues à partir du 19 juin 1832, nous lisons : « fait recette ledit comptable de la somme de 25 fr. 40 cent. montant d'une souscription faite dans la commune, en faveur du général Lafayette, pour l'acquisition d'un vase monumental : laquelle somme n'a pu être déposée en temps utile et est retournée à la caisse de la commune. »

Ainsi les recettes de la fabrique et de la commune étaient réunies dans la même caisse, administrée par M. le maire suivant son bon plaisir. On ne parlait pas alors de la séparation de l'Église et de l'État, et les offrandes des fidèles, l'argent des quêtes ou les dons de M. le duc de Chevreuse pour l'entretien de l'église, tout cela était employé aussi bien pour les dépenses communales que pour celles de l'église. Aussi dans quel état de délabrement M. Mervoyer trouva-t-il l'église de Sains à son arrivée ! Il eut de grandes difficultés pour détruire ce système de comptabilité, pour rompre avec ces habitudes invétérées, car, nous l'avons déjà fait remarquer, avant l'arrivée de M. Chevalier dans la ferme de Sains, M. Trannoy, maire, usait des mêmes procédés d'accord avec le curé-médecin, M. Lefèvre.

Ce curé mourut le 19 juin 1835, à l'âge de 66 ans, et fut inhumé le lendemain dans le cimetière de Sains.

CHAPITRE IV.

Les Chapelains.

Par son testament du 3 juin 1627, cité plus haut, Mme de Plainville institua un chapelain à Sains pour acquitter les fondations qu'elle faisait à l'église. En 1683, Claude Bruhier, receveur de la terre de Sains, acheta à Françoise Pautre, moyennant la somme de 150 livres plus 60 sols d'épingles, une maison avec jardin, près la ruelle Drion. En 1690, il la légua à la fabrique pour servir de logement au chapelain.

Voici la liste des chapelains ou vicaires. Elle est probablement bien incomplète, mais nos recherches n'ont pas été plus heureuses.

1620, Charles Ricaut.

1680, Jérosme Lesne.

1684, Mabille.

1685, Jacques Berneval. « Messire Jacques Berneval, ancien curé de Lihus, et depuis chapelain desservant l'annuel fondé en l'église de Sains, est décédé le lundi 12 janvier 1688, et fut enterré le 13 du même mois dans l'église dudit Sains. »

1688, Charles de Juvuillé. « Messire Charles de Juvuillé, ancien curé de Mareu et depuis chapelain desservant l'annuel fondé dans l'église de Sains, est mort le dimanche seizième jour de janvier 1689 et a été enterré daus l'église le dix-septième du même mois. »

1689. Louis Gillet.

1691. F. Vuatigny.

1693. Leclerc.

1694. De Cambronne.

1695. Pierre Frémy.

1697. Jean le Coureur, qui, vers 1710, devint chapelin à Gannes.

1710. Darras.

1710. Loisel.

1757. Préverel, qui devint curé de N.-D. de la Basse-Œuvre de Beauvais.

CHAPITRE V.

Les cloches.

Au siècle dernier, la paroisse avait trois belles cloches. Voici l'acte de leur bénédiction :

« L'an 1786, le lundi 18 septembre, les trois cloches de cette paroisse ont été bénites par C.-A. Portier, curé de Sains, doyen rural de Breteuil, assisté de M' Pierre Ango, curé de Montigny, doyen rural de Ressons, et de M' Jacques de Cagny, curé du Caurel et vicaire dudit Montigny. La grosse cloche, qui pèse 1,685 livres, a été nommée Marie-Anne (comme elle l'avait été, avant d'être fondue, par dame Anne Gobelin), par Pierre Gueudet et Marie-Joseph Duvoir, sa femme. La deuxième pèse 1,207 livres, et a été nommée Brice-Gaudence par Éléonor Audefroy, marguillier cette année, représentant toute la paroisse. La troisième, pesant 862 livres, a été nommée Rosalie par Pierre-Philippe Gueudet et Marie-Jeanne Millon, sa femme. »

Quand, à la Révolution, la municipalité reçut ordre d'envoyer deux de ses cloches et une de Morenvillers (parce que cette église n'en avait que deux), au district de Breteuil, la moyenne et la petite furent descendues du clocher de Sains. Mais la municipalité réfléchit; elle voulait conserver la moyenne, Brice-Gaudence. Elle prit donc les deux cloches de Morenvillers pour les envoyer au district, et elle fit monter à leur place, dans le clocher du hameau, Brice-Gaudence, qui y fait encore aujourd'hui retentir ses sons harmonieux.

Troisième Partie.

Les Hameaux et dépendances.

I

Le Quesnoy, hameau.

Le Quesnoy (Kesnoy) était un hameau bâti à droite et à gauche de la route de Boynes, à sa jonction avec l'ancienne voie de Montdidier à Paris par Saint-Just, près du territoire du Caurel. Il avait encore cinq à six feux en 1860. Il n'y a plus aujourd'hui d'habitation.

Le Quesnoy était un fief anciennement, et tous les seigneurs de Sains s'intitulaient seigneurs du Quesnoy.

Ce hameau dépendait de la cure et de la paroisse de Sains.

La rivière des trois Doms passait autrefois auprès du Quesnoy. Sa source première était la mare Héry, derrière l'ancien château. Puis, en coulant vers le Quesnoy, elle recevait sur sa droite les eaux du plateau de Brunvillers par la vallée Jean Raus. Du Quesnoy, en suivant la déclivité du terrain, elle passait au-dessous de Crèvecœur-le-Petit pour rejoindre Dompierre, Domfront, Doméliers et Montdidier.

II.

Le Caurel, paroisse.

Le Caurel était anciennement une paroisse située entre Sains, Crèvecœur-le-Petit, Maignelay (Mailluin) et Montigny. Aujourd'hui cette paroisse n'existe plus, et son territoire a été attribué aux communes voisines.

Le Caurel n'était composé que d'une seule maison ou ferme, avec une chapelle dédiée à saint Hubert. La ferme et l'église ont été démolies au commencement de ce siècle, et le terrain sur lequel elles étaient bâties est cultivé. Rien n'indique plus la place où fut l'église Saint-Hubert, la tradition seule la fait connaître.

L'évêque de Beauvais nommait à la cure, dont le revenu était médiocre. Le curé avait une dîme à 5 du cent et 4 journaux de terre ; le tout était affermé, en 1756, la somme de 160 livres. Aussi le curé n'y résidait-il pas ; il était attaché, la plupart du temps, comme vicaire, à la paroisse de Montigny. Il ne venait au Caurel que le dimanche et les jours de fêtes pour y célébrer la messe.

En 1733, les habitants d'Halluin firent tous leurs efforts pour que le Caurel fut joint à leur paroisse, afin d'avoir une messe de plus sur semaine. L'Evêque de Beauvais s'y opposa et fixa à toujours le Caurel au vicariat de Montigny.

Cette paroisse, quoique composée d'une seule ferme, formait un corps de taille séparé, comme toute autre plus considérable.

Le seigneur du Caurel était, en 1756, M. de Herte, Président au présidial d'Amiens. Ses armes portaient : d'azur à 3 soucis d'or, 2 et 1, qu'il traduisait ainsi : *Si les domestiques ont les peines, les maîtres ont les soucis.*

Parmi les noms des curés, nous citons les suivants :

1620. Charles Ricaut, qui était en même temps chapelain de Sains. Il y était encore en 1666.

Alexis Beudin quitta cette paroisse en 1724 pour devenir curé de Gannes.

1749. Mareux.

NOTE. Après la destruction de la ferme du Caurel, au commencement de ce siècle, quelques maisons furent construites auprès de l'ancienne route de Montdidier à Saint-Just, en face du Quesnoy. Ces maisons étaient sur l'ancien territoire du Caurel, dans la portion attribuée à la commune de Crèvecœur-le-Petit. Or, les habitants de ces maisons prirent l'habitude d'aller assister aux offices de l'église de Sains. Un jour donc la question de juridiction spirituelle se souleva entre le curé de Sains et celui de Crèvecœur-le-Petit, à l'occasion d'un mariage. L'affaire fut portée à l'Evêché. Mgr Feutrier, par un acte formel, attribua au seul curé de Sains-Morainvillers juridiction sur tout le Caurel.

Quelques années après, Mgr Joseph-Armand Gignoux étant évêque de Beauvais, la même question de juridiction fut encore soulevée, toujours à l'occasion d'un mariage. Par une lettre conservée dans les archives de la paroisse et signée Obré, vicaire général, Sa Grandeur déclare que Mgr Feutrier ayant antérieurement donné au seul curé de Sains-Morainvillers juridiction sur le territoire du Caurel, il n'y avait pas lieu de revenir sur cette décision.

Actuellement, les habitations, cause de ce litige, ont disparu.

DÉCOUVERTE DE TOMBES ANCIENNES.

A deux ou trois cents mètres environ de la maison du Caurel, en allant vers Saint-Just, dans une pièce de terre, on a découvert il y a une dizaine d'années, plusieurs cercueils en pierres. Ces cercueils, comme les tombes environnantes, étaient orientés de l'ouest à l'est. Dans les tombes qui ont été déblayées, on a trouvé des poteries gallo-romaines hautes de 6 à 7 centimètres, des boucles de ceinturons, des fers de lance et des scramasaxes. La rouille avait fort attaqué ces objets en fer. Entre deux tombes, il a été trouvé un pied de lance très régulier, long de 30 centimètres. Un des cercueils en pierre avait été rallongé.

M. Lelorain qui commença les fouilles, les interrompit au bout de trois jours ; ce qu'il trouvait, dit-il, ne répondait pas à la dépense qu'il faisait.

Si des recherches étaient faites en cet endroit, il est certain qu'elles amèneraient d'autres découvertes, car la sonde marque de nouvelles tombes.

Il est évident que les corps inhumés là appartiennent à des guerriers. D'après l'inspection des objets trouvés, leur inhumation ne peut avoir eu lieu qu'au v° siècle, dit M. Lelorain.

Comment ces tombes se trouvent-elles en cet endroit

isolé, loin de tout groupe d'habitations ? Pour trouver une réponse à cette question, il faut rappeler que près de Montigny était le fort Philippe, sur l'emplacement d'un camp romain, comme l'a très bien démontré M. Rendu, archiviste de l'Oise, contrairement au dire de Graves. Les corps des guerriers inhumés près du Caurel seraient-ils ceux des Francs tombés dans la lutte contre les Romains retranchés dans leur camp? Cette opinion nous parait probable.

III.

Morenvillers

Morenvillers, *moræ villa*, lieu de repos, station, soit pour les troupes allant de Beauvais en Picardie, par la voie ancienne qui passe auprès de ce pays, soit pour les chasseurs lorsqu'ils poursuivaient le gros gibier dans la forêt de la Hérelle, le bois de Longbus, le bois d'Hangest et celui de la Morlière, qui formaient comme une ceinture autour du village.

L'histoire générale de cette paroisse, qui autrefois ne formait qu'une taille avec Sains, et une même seigneurie étant mélangée avec celle de Sains, nous ne signalerons ici que les particularités, afin de ne pas tomber dans des redites.

En 1739 cette paroisse avait 27 feux, et Sains 81.

L'église, dédiée à Notre-Dame d'Août, fut bâtie en 1833, dit Graves (1). Le chœur est polygone à fenêtres ogivales, géminées et tréflées. Il était séparé de la nef par une grande et forte arcade qui donnait de la solidité à l'édifice. M. Mervoyer l'a fait démolir vers 1850.

La cure était du diocèse de Beauvais et du doyenné

---

(1) Nous lisons dans l'histoire du diocèse de Beauvais, par l'abbé De-lettre : « Charles de Villiers (évêque de Beauvais) s'appliquait à faire relever les églises abattues et réparer celles qui étaient en mauvais état, afin que le culte divin fut partout célébré avec la décence convenable. Par ses soins vigilants les habitants de Quinquempoix rebâtirent leur église en 1831 ; la paroisse de Lachelle acheva la sienne en 1832 ; les habitants de Moranviller mirent la dernière main à la leur en 1833.

de Breteuil. Le collateur était alternativement l'évêque diocésain et l'abbé de Saint-Martin-aux-Bois.

Les actes religieux de la paroisse ne commencent qu'en 1632.

Guillaume FÈVRE.

1632. Etienne WYMART.

1651. Jean ZEUDE. Ce curé apparaît dans les notes de la paroisse en février 1651.

1670. Charles BIGNE. Il fut deux ans curé de Quimquampoix avant d'arriver à Morainvillers.

« Messire, Charles Bigne, prêtre, curé de la paroisse de Moranviller pendant 14 ans, mourut le 3e jour de septembre 1693, à minuit, il fut inhumé le même jour en l'église dudit Moranviller, en présence de Me Jacques Martin, curé de Brunvillers, et de Me Louis Gromart, curé de Sains. »

1693. Denis LAISNÉ. A dater du 13 février 1698, son nom ne paraît plus dans les actes. Au 10 avril de la même année, nous voyons :

1698. Clément FROMONT, prêtre de Paris.

« Le mardi neuvième jour de décembre 1704 est mort en la communion de l'église catholique, maistre Clément Fromont, prêtre curé de la paroisse de Notre-Dame de Moranvillé, et a été inhumé au chœur de l'église dudit lieu, du côté de l'Epître, en présence de Me Louis Gromart, curé de Sains, de Me Jean Legrand, curé de La Motte-Brunvilliers, de Me Jean le Couvreur, prestre, chapelain de Sains, et de Me Antoine Reberguer, curé de Montigny, doyen rural de Ressons.

1705. Georges ROUSSELIN. En juillet 1717, il se retira du ministère, mais il mourut le 20 du même mois, à l'âge de 85 ans, et le lendemain il fut inhumé dans l'église.

1710. Pierre MOURET. Il était natif de Breteuil.

« Le 10 septembre 1731 est décédé et fut inhumé

dans l'église de céans, maistre Pierre Mourel, prestro et curé dudit lieu, âgé de 44 ans environ, par maistre Etienne Lemoine, prestre et curé de Sains, délégué par M. le doyen rural du doyenné de Breteuil, en présence de MM. les curés ses confrères sçavoir : de M. Bertin, curé d'Oüel, diocèse d'Amiens, de M. Adrien Loisel, curé de Quinquempoix, de Alexis Beudin, curé de Gannes, de M. Jean-Baptiste Leviel, curé Mory, de M. Pierre Dubois, curé de B... et de M. Louis Maillard, curé de Froissy. »

1731. Jean de RAYE, arrivé en décembre ; il était natif de Breteuil, comme son prédécesseur.

« L'an 1759, le dimanche quatrième jour de février, le corps de maistre Jean de Raye, prestre curé de la paroisse de Moranviller, décédé le jour d'hier sur les 3 heures de l'après-midi, âgé de 58 ans, muni des sacrements de l'église, a été inhumé par moi Jean-Claude le Tenueur, prestre curé de Campremi, doyen rural de Breteuil, dans le chœur de l'église entre l'autel et le lutrin, en présence de Mᵉ Antoine de Raye, curé de Brunvillers, son frère, de Mᵉ Pierre Mansard, curé de Domellien-Royaucourt, de Mᵉ Alexis Beudin, curé de Gannes, de Mᵉ Jean-François Bertren, vicaire de Domellien-Royaucourt, de Mᵉ Jean-Baptiste Leviel, curé de Mory et Mᵉ Claude-Alexandre Portier, curé de Sains. »

1759. Antoine MESNARD. Il fut curé de Morenviller l'espace de 42 ans. Il mourut subitement le 4 octobre 1801, âgé de 74 ans et 0 mois, et fut inhumé le 6 dans la chapelle du cimetière.

A partir de ce jour, la paroisse de Morenvillers cessa d'exister. L'administration en fut confiée au curé de Sains qui, tous les dimanches et fêtes vint célébrer la messe dans la belle église de ce hameau, et la nouvelle paroisse prit le nom de Sains-Morainvillers.

FONDATIONS.

Outre la fondation faite par Mme de Plainville, nous avons relevé les suivantes :

Barbe COQUEREL, femme de Pierre LEMAIRE, fut inhumée dans l'église le 14 octobre 1636, en reconnaissance de ce qu'elle avait légué à la fabrique une mine et demie de terre sous diverses charges.

Jeanne NOIRELLE, du Longbus, inhumée le 21 décembre 1643, a fondé un obit.

Bertrand WYMART, clerc de la paroisse, décédé le 9 avril 1643, a fondé un obit sur une pièce de terre située au lieudit le *Cheval-du-Roy*.

Antoine GÉRARD, décédé le 30 juillet 1645, a fondé un obit perpétuel sur une mine de terre nommée le Fief.

Jean GERARD, mort le 26 avril 1647, a fondé un obit sur la maison où il demeurait.

Etienne MUIDEBLED, inhumé le 18 février 1762, a fondé pour lui et pour sa femme Agnès Wymart, un obit à perpétuité sur la maison où il demeurait.

Notes. A. — En parcourant les archives de la commune de Quinquempoix, nous avons trouvé dans la liste des curés de cette paroisse, deux curés natifs de Morenvillers :

1° Ambroise PÉZIER, qui fut curé de Quinquempoix en 1620. La même année il fut nommé à la cure de Montigny.

2°. Pierre PÉZIER, son frère, qui lui succéda. Il était malade et il ne put rester que peu de temps dans sa cure. Il mourut chez son frère, à Montigny, en décembre 1636.

B. Dans la liste des membres de la noblesse qui assistèrent à l'assemblée du 0 mars 1789, tenue au bailliage de Clermont en Beauvaisis, à l'effet d'élire un député aux Etats généraux, on trouve le nom suivant :

Louis-Charles-Hubert de FORCEVILLE, capitaine au régiment d'Angoulême-dragons, procureur d'Augustin-Louis Hennequin, marquis d'Esquevilly et de Chemery, seigneur de Fumechon, *Morenvillers*, comte de Grand-pré, lieutenant des armées du Roy et chevalier de ses ordres, lieutenant général de S. M. pour les provinces

et frontières de Champagne et de Brie, capitaine général de la vénerie des toiles de chasse, tentes et pavillons
du Roy, équipage du sanglier. (*An.* de l'Oise 1866.)

C. Selon Graves (c. de Clermont, p. 130), l'abbaye de
Wariville avait des dîmes à Morenvillers.

IV.

Le Longbus, hameau.

Longbus, Lombus, long bois, était un hameau dépendant de Morenvillers, dont les maisons étaient bâties à
droite et à gauche du chemin de Sains allant à Gannes.
On y comptait sept feux en 1739, et trois maisons
habitées en 1860. Aujourd'hui il n'y a plus qu'une
petite place plantée d'arbres, au milieu de laquelle est
élevée une croix en fer. Les habitants ont disparu,
la croix est restée.

Ce hameau a eu ses seigneurs dont il est difficile de
donner une liste exacte. Nous nous contenterons des
indications suivantes.

On trouve dans des chartes du xiie siècle le nom
d'Armand du Longbus.

Dans sa belle histoire de Saint Just, M. le chanoine
L. Pihan, rapporte que Mathieu Moleiniers de Belin
(probablement de Blin, hameau de Gannes), avait vendu
à Hugues de Longbus, chevalier, une grange auprès
du puits d'Ansauvillers, moyennant un muid de fro-
ment annuellement. (p. 72.)

Dans le cartulaire de Froidmont le nom des Longbus
est plusieurs fois répété :

Sous le gouvernement de l'abbé Guillaume Ier, en
1180, Mathieu d'Angivillers, aumosna à l'abbaye toute
la dîme qu'il tenait en fief de l'évêque de Beauvais, au
terroir d'Aioviller et de Longbus.

La même année, le seigneur de Gannes, le chevalier
Ascelin, avec Ermengarde sa femme, Hugues, Albin,
Odon, Emeline et Agnès ses enfants, et Hugues, son
frère, donnèrent à l'abbaye de Froidmont, pour être

défrichés, 30 muids de bois à Aioviller, près Longbus, sous la réserve du champart ou de la neuvième gerbe que les religieux devront porter à Gannes, à Longbus, ou à *Sains*, selon qu'il résidera dans l'une ou l'autre de ces propriétés.

Du temps de l'abbé Bernard, en 1232, Jean de Ferrières, seigneur de Morenvillers, donna aux mêmes religieux de Froidmont, un muid de blé de rente sur la terre de Longbus.

Mais voici venir une recrudescence dans les largesses faites à cette abbaye en nos contrées. La septième croisade s'organise, saint Louis a pris la croix pour partir sur la fin de l'été de l'an 1248. Parmi les noms des chevaliers qui firent des dons à l'abbaye de Froidmont, nous lisons celui d'Arnoult de Longbus, qui offre la terre de la Borde, dont nous parlerons plus loin.

En 1250, Marie et Gilla de Longbus, sœurs du chevalier Arnoult, donnent à la même abbaye toute leur succession.

Du Royer, seigneur de Crèvecœur-le-Petit, se qualifiait aussi *seigneur de Longbus*, comme le prouve l'inscription suivante gravée au-dessus de l'arcade de l'ancienne chapelle de la Sainte Vierge, qui sert actuellement de sacristie à l'église de Crèvecœur-le-Petit.

« L'an mil six cent trente-neuf, Désiré-René du Royer, chevalier, seigneur de Crèvecœur, du *Lombu*, de Gamache dit le Magni, d'Exauvillé et autres lieux, gentilhomme ordinaire de la chambre du Roy, conseiller et maistre d'ostel de sa Majesté, maistre de camp appointé, a fait bastir cette église avec Madame Marie des Vaux, sa femme, le tout à la gloire de Dieu. »

Ce fief consistait en 110 setiers de grains de censives et en 65 journaux de bois.

En 1700, lisons-nous dans le manuscrit Sellier de Montdidier, ce fief devint la propriété d'Antoine Boitel, négociant, ancien échevin de la ville d'Amiens, frère du Seigneur de Welles, dont les armoiries étaient, *d'azur à la fasce d'argent chargée de trois merlettes de sable, accompagnée d'une patte d'aigle d'or en chef et* d'une *croix tréflée en pointe de même*. Le sieur Boitel revendit en 1759, le fief du Longbus, au sieur Beauvais, officier du Roy, demeurant à Brunvillers, moyennant 2.800 livres. Peu de temps après, le sieur Beauvais céda ce fief à M. d'Haudicourt, de Montdidier, pour la somme de 3.000 l., ayant vendu pour 6.000 l. d'arbres et en se réservant un champart d'une valeur de 5 à 600 livres, car il était affermé 350 livres. Au reste M. d'Haudicourt n'aurait fait cette acquisition qu'à cause du voisinage de la terre de Gannes qu'il venait d'acheter à M. de Pont-Saint-Pierre, la somme de trois cent mille livres.

V.

La Borde-Hérelle, ferme.

La Borde-Hérelle était une ferme située entre le Longbus et la Borde actuelle, près du bois appelé aujourd'hui le Bosquet de Laborde. Des débris de construction, des grès, des tuiles, se remarquent en cet endroit.

Graves, dans sa *Statistique du canton de Noailles*, page 63, dit : qu'Armand de Longbus fit don au xiie siècle, à l'abbaye de Froidmont, de la terre de la Borde.

En 1189 et 1190, Ascelin de la Cengle, chevalier, seigneur de Gannes, et Arnoult, chevalier, seigneur de Montigny, firent don à l'abbaye de Froidmont de leur bois d'Aioviller, sis entre Longbus, Morainvillers et la Hérelle, pour le défricher, comme il est dit à l'article précédent. Les religieux se mirent à l'œuvre et y fondèrent un établissement agricole, une grange, selon l'expression d'alors.

Mais ces grandes propriétés de l'abbaye dans cette contrée devaient porter ombrage aux seigneurs voisins. En effet, deux chevaliers, Hugues de Longbus et Raoul de Montigny lui suscitèrent tant de vexations, pour la grange ou ferme de la Borde-Hérelle, que l'abbé Bernard, voulant se débarrasser de leurs importunités, résolut de l'aliéner. Il la vendit donc au prieuré de Montdidier, et la vente aurait eu son effet, si les religieux de Froidmont avaient consenti à ratifier cette aliénation. Leur opposition formelle conserva la propriété, mais les ambitieux chevaliers continuèrent leurs mauvais procédés. Alors intervint l'évêque de Beauvais, Milon de Nanteuil. Pour faire taire nos chevaliers, il écrivit à l'abbé de Saint-Just, qu'il eût à les excommunier publiquement et sans merci, dans son église et dans toutes celles du voisinage, et à leur faire courir sus comme à des gens sans foi. L'ordre fut exécuté, et nos chevaliers si hardis contre les moines, s'empressèrent de venir demander pardon. Hugues de Longbus alla plus loin, il abandonna *avec bienveillance*, dit le Cartulaire, tous les droits seigneuriaux et autres qu'il avait et pouvait avoir sur les terres du monastère.

1229. Raoul de Montigny s'efforça aussi de faire oublier par sa générosité sa conduite antérieure. En 1248, Arnoult de Longbus, fils de Hugues, ajouta aux biens donnés par son père le bois Fourrais, sis entre les terres de la grange de la Borde-Hérelle et le bois Borrel : et ses sœurs Marie et Gilla de Longbus, firent donation de 108 mines de terre, entre Longbus et Gannes en 1250, pour augmenter le domaine des religieux.

En 1251 et 1253, Arnoult de Longbus, Jean, avoué d'Harissart et Raoul de Montigny, afin de montrer leur amour pour les religieux de Froidmont, renouvelèrent par des actes solennels l'abandon de tous leurs droits seigneuriaux sur les terres de la ferme.

Cette ferme était construite dans un enclos de deux arpents, faisant valoir en 1521, 246 journaux de terre labourable et 16 journaux de bois.

Un état général des animaux de cette ferme, de l'an 1256, cité par D. Grenier, indique que l'abbaye avait en cet endroit « 7 chevaux, 4 vaches, 1 veau et 200 brebis. »

En 1497, Antoine de Chatillon, 33e abbé de Froidmont, tint de grandes assises auxquelles il convoqua tous les fieffés de l'Abbaye. Parmi ceux-ci on lit le nom de Jean Gérard pour le fief de la Borde-Hérelle. Ce qui nous indique que les religieux ne cultivaient plus par eux-mêmes et qu'ils avaient mis un fermier dans leur exploitation. En effet sous Henri II, de la Motte-Houdancourt, 12e abbé, ce domaine était affermé 15 muids de grains, 350 livres tournois et 4 livres de cire.

A quelle époque ont disparu les bâtiments de cette ferme ? Nous n'avons pu le savoir.

En 1790, la nation vendit les 304 journaux de terre et bois de la ferme de la Borde-Hérelle la somme de 58,200 livres à Henri-Charles-Antoine Rousselin, receveur de l'enregistrement à Breteuil.

LES VOIES ANCIENNES.

Elles sont au nombre de trois.

1° *Le chemin de Montdidier à Saint-Just*, dont nous avons déjà parlé. Il délimitait anciennement le territoire de Cauvrel et celui de Sains. Partant de Montdidier, il passait au bout de Ferrières, traversait Crèvecœur-le-Petit, descendait dans la vallée du Quesnoy, auprès de la route de Boynes pour remonter vers Saint-Just en laissant à droite Brunvillers et Plainval. Ce chemin est encore bien reconnaissable dans sa traversée au Quesnoy. Des talus à droite et à gauche, un encaissement profond, qui sont des caractères évidents d'ancienneté, le montrent suffisamment. Depuis la rectification de la nouvelle route, ce chemin ne sert plus qu'à la culture.

2° A l'extrémité du territoire, vers Gannes, est encore une autre voie ancienne qui sert de limite aux terroirs de Gannes et de Sains-Morainvillers, sur un long parcours. On l'appelle le *chemin d'Amiens*. En effet il mène à la Hérelle, en suivant les contours d'une petite vallée. Mais d'où vient-il ? Si nous le suivons en remontant, nous rencontrons la mare d'Ivry. Là, dit-on, fut une ferme ou un autre établissement. Quelques débris de tuiles anciennes, des grés, de la terre brûlée, indiquent qu'il y eut là une habitation.

De la mare d'Ivry, où va ce chemin ? Il se dirige vers

Brunvillers ; mais après, il nous a été impossible de le reconnaître.

3° La dernière voie est plus connue. C'est celle de *Beauvais à Montdidier*. Venant d'Ansauvillers, passant par Gannes, elle arrive au terroir de Sains-Morainvillers, où elle joint le chemin d'Amiens, qu'elle suit quelques mètres pour traverser notre territoire du Sud au Nord. Elle longe à angle droit le chemin de Sains à la Hérelle, là où au siècle dernier était un calvaire, dit le *Calvaire de la Hérelle*, laisse à droite Morainvillers, passe près de la *Croix Madame Latour*, et se rend en ligne droite à la *trouée de Sains*. Comment joint-elle ensuite Montdidier ? Nous sommes obligé de nous mettre en opposition avec M. de Beauvillé. Selon lui, ce chemin va à Welles, à Pérennes, passe au bout du Mesnil-Saint-Georges et arrive à Montdidier. Tel n'est point son parcours. Pendant plusieurs années nous l'avons étudié et suivi, et nous sommes forcé d'adopter la version des habitants de la contrée. De la trouée de Sains, cette voie infléchit à droite, monte la côte de la Morlière, passe devant la ferme, se rend *directement* à Abbémont, et à Montdidier. Si la largeur et l'encaissement du chemin, prouvent son ancienneté c'est bien ici le cas de le dire. Aussi ce chemin est-il toujours appelé, par les habitants, *chemin de Beauvais, chemin de Montdidier*.

Il est encore un autre point sur lequel nous ne craignons pas de contredire l'historien de la ville de Montdidier. Il appelle cette route ancienne, voie de Beauvais à Bavay, passant par Montdidier, Roiglise, etc.

Disons de suite que de Beauvillé est seul de son avis. Dom Grenier, qui fait autorité, indique comme voie de Beauvais à Bavay, celle passant par Saint-Just, Vaumont, Boulogne-la-Grasse, Roiglise, etc. Il fait une description exacte de cette voie. Delisle, quoique moins régulier, la donne également en suivant la même direction. D'où vient donc que M. de Beauvillé a voulu se mettre en désaccord avec ses devanciers ? qu'il a préféré une voie sinueuse, plus longue, à une voie droite et plus abrégée ? Nous n'avons jamais trouvé d'explication à ce désaccord. Dans notre Histoire de *Boulogne-*

la-Grasse, nous avons établi, avec M. Grenier et les autres historiens, que la voie ancienne de Beauvais à Bavay, passait par Saint-Just et Boulogne. Dans un travail spécial sur les anciennes voies de Laboissière, village situé entre Montdidier et Roye, nous avons démontré d'après les trouvailles faites à Laboissière même, au bord de la route qui unit ces deux villes, que ce chemin était plutôt gaulois que romain, dans cette portion. Nous ne changeons pas notre opinion, car nos preuves sont trop évidentes, et nous disons : la voie ancienne de Beauvais à Bavay ne passe pas par Montdidier.

Longtemps nous avons suivi les routes et nous aurions voulu trouver sur leur parcours des débris antiques, des haches, des pointes de flèche en silex et des armes en fer. Nos recherches ont toujours été infructueuses. Dans une pièce de terre située aux Sables, entre le bois de M. le duc et le nôtre, nous avons seulement recueilli deux pointes de flèche, un grattoir, un morceau de hache polie et une petite hache taillée, du système Moustier. C'est peu. Il en a été de même des monnaies. Pendant vingt ans, nous n'avons trouvé qu'une petite monnaie gauloise à l'effigie du cheval dans les terres du cimetière, loin encore par conséquent des voies anciennes.

CHAPITRE COMPLÉMENTAIRE

NOTICE

sur le Pèlerinage de N.-D. de Bon-Secours à Gannes

Ce pèlerinage est très suivi par les habitants de Sains et de Morainvillers. C'est merveille de voir le jour de l'ouverture (2 juillet), les jours suivants de la neuvaine, et principalement le dimanche, les files de pèlerins sur les routes affluant à la chapelle de Gannes. Il faut avoir joui de ce spectacle pour le comprendre.

De Coivrel, Maignelay, Montigny, Crèvecœur-le-Petit et Ferrières, arrivent des foules de pèlerins alertes et joyeux, hommes, femmes,. enfants, marchant sans ordre et pèle-mèle. Naturellement la population de Sains qui voit passer tant de monde par ses rues, est entraînée inévitablement. Cette procession commence même avant quatre heures du matin, afin de pouvoir assister à la première messe ! Il y a trente ans, le flot principal venait à la chapelle dès l'aube du jour, à tel point que depuis la ligne du chemin de fer, nous avions peine à passer à travers la foule pour arriver à dire la première messe. Mais aujourd'hui les choses ont un peu changé ; la grande cohue a lieu entre huit heures et neuf heures. A ce moment, la rue du village par où viennent les pèlerins de la Hérelle et d'Ansauvillers, ainsi que le chemin de Brunvillers, sont remplis d'une foule de gens avides d'arriver à la petite chapelle, où sont dites les messes par les curés voisins. Le pèlerinage bien fait est celui où d'abord on entend la messe. (Il suffit d'apercevoir qu'il y a un prêtre à l'autel.) Puis, il faut faire trois fois le tour de la chapelle, en commençant deux fois par la droite et une fois par la gauche, soit en récitant des prières, soit simplement en amateur, en se promenant. Mais, ce qu'il ne faut pas oublier, c'est de faire réciter sur sa tête un Evangile par le curé qui a l'heur de plaire davantage. La récitation de cet Evangile a pour but d'attirer les bénédictions de Dieu sur la personne qui le demande, ou sur l'objet de son intention. On sait qu'il se passe parfois des scènes drolatiques. Anciennement le fidèle pour récompenser le curé, mettait dans le plateau, que tenait l'enfant de chœur, un liard. Comme cette petite monnaie n'a plus cours et que le sou vaut cinq centimes, il n'est pas rare de voir une bonne femme se faire réciter cinq évangiles pour un sou. Quelles sont les intentions multiples de la bonne femme? Les habitants de sa maison et surtout ses animaux en ont la plus grande part. *Ad majorem Dei gloriam.*

Ce pèlerinage à Notre-Dame de Gannes, qui a son similaire à Méry, est ancien. Son origine, ou plutôt l'origine de la chapelle où il a lieu, étant inconnue d'un grand nombre d'habitants de la contrée, voici la version laissée par le vénérable abbé Laffineur, ancien curé de Gannes.

Notice sur l'origine et la reconstruction de la chapelle de Notre-Dame-de-Bon-Secours.

« Nous donnons l'origine de la chapelle de Notre-Dame-de-Bon-Secours de Gannes, d'après une légende manuscrite trouvée chez un des habitants les plus respectables de cette paroisse. On y lit :

« L'an 1689, deux voituriers venant de Beauvais, « chargés de marchandises et passant dans le village, « une fille de la paroisse se trouva à leur rencontre. La « voyant seule, les deux voituriers l'insultèrent avec « violence, voulant la suborner et lui ôter la vie. Cette « fille ayant épuisé toutes ses forces et ne sachant plus « à qui avoir recours pour échapper à la fureur de ces « deux malheureux, se réclama à la Mère des miséri- « cordes pour venir la secourir. Sa prière fut exaucée.

« La Sainte Vierge permit que plusieurs habitants de
« la paroisse vinrent au secours de la fille. Ces misé-
« rables voulurent prendre la fuite avec leurs voitures,
« frappant leurs chevaux à outrance. Mais la Mère pro-
« tectrice de cette fille les tint en respect, de sorte qu'ils
« ne purent plus avancer. Ces malheureux furent con-
« traints de se sauver sans leurs voitures, et la justice
« du lieu les ayant confisquées, en a donné avis à
« Mgr le prince de Courtenay, qui était seigneur de la
« dite paroisse, lequel a jugé à propos, que pour le
« crime de ces misérables, les chevaux et voitures se-
« raient vendus et que l'argent servirait pour faire bâ-
« tir une chapelle à la place où la jeune fille avait été
« insultée, avec la représentation de la sainte Vierge,
« et, qu'elle serait dédiée en l'honneur de Notre-Dame-
« de-Bon-Secours. Cette chapelle a été bâtie la même
« année, et depuis ce temps les habitants de cette pa-
« roisse y vont en grande dévotion, soir et matin y
« faire leur prière. ».

Il ne nous a pas été possible jusqu'à ce jour de re-
cueillir d'autres renseignements sur la construction de
cette chapelle primitive. Nous savons seulement que la
dévotion à Notre-Dame-de-Bon-Secours augmentant de
jour en jour, aussi bien que le nombre des pèlerins,
cette première chapelle devint insuffisante pour conte-
nir les fidèles qui la fréquentaient. Cette raison détermina le conseil de fabrique à en faire bâtir une autre sur
une place plus étendue. En conséquence, on délibéra
le dimanche 25 février 1776, pour la reconstruction et
augmentation de la chapelle. Le conseil chargea M. Piboen, curé de Gannes, et Philippe Pasquier-Deflers,
marguillier en charge, de surveiller l'entreprise. Mais
comme l'espace était trop étroit pour le plan adopté,
Robert Warmé, notaire et laboureur à Gannes, fit don à
Notre-Dame du terrain nécessaire à l'agrandissement.
La chapelle actuelle fut donc construite sur le même
emplacement que la première, mais dans des propor-
tions plus grandes. On mit à peu près un an à la bâtir,
puisque la bénédiction n'en fut faite que le 2 juillet de

l'année suivante 1777. Nous transcrivons le procès-verbal de cette cérémonie :

« L'an mil sept cent soixante-dix-sept, le mercredi
« deuxième jour du mois de juillet, a été faite par nous
« soussigné, prestre curé de Sains, doyen-rural de Bre-
« teuil, en vertu et en conséquence d'une permission à
« nous accordée le vingt-sept mai dernier par Mgr de
« la Rochefoucaut, évêque, comte de Beauvais, vidame
« de Gerberoy, pair de France, la bénédiction d'une
« chapelle nouvellement construite au bout du village
« de Gannes, en lieu et place d'une ancienne chapelle
« dédiée à la gloire de Dieu, sous l'invocation de la
« sainte Vierge, sous le nom de Notre-Dame-de-Bon-
« Secours. A la dite bénédiction ont assisté Mes Jean-
« François Piboen, desservant la cure dudit Gannes;
« Pierre Ango, curé de Montigny, doyen-rural de Res-
« sons; Adrien Vermand, curé de Quincampoix; An-
« toine Ménard, curé de Morenvillers; Pierre d'Obigny,
« curé d'Halluin; Adrien Capronnier, curé de Welles;
« Jean-Baptiste Vertu, vicaire d'Ansauvillers; Me Cavé
« d'Haudicourt, conseiller en la cour des monnoies de
« Paris, et seigneur dudit Gannes, et autres soussignés. »

Le clocher de la chapelle a été construit en 1802 aux
frais de Mme d'Haudicourt, propriétaire, demeurant à
Bonvillers.

Cette dame a fait don de la cloche.

La sacristie a été bâtie en 1832, avec des fonds provenant du tronc de la chapelle.

Frais de construction de la chapelle. — Depuis l'année
1751, les recettes de la chapelle avaient été perçues par
Mme Anna Recullet, femme de feu Philippe Wallet, tréso-
rière, qui en rendit compte en décembre 1775, à Me Piboen, desservant la cure de Gannes, au nom de Me Jan-
ville, curé. Le total se montait à la somme de 3,750 fr.
et c'est cette somme qui a été employée à la construction
de la nouvelle chapelle. On peut lire dans le registre les
détails de tout ce qui a été payé. Il en résulte que le
chiffre total de la dépense s'est élevé à la somme de
3,714 fr. 18 sols.

En 1779, M⁰ Piboen a vendu l'ancien autel pour 30 fr. à M. le curé de Thory.

Revenus de la chapelle. — Le 7 mars 1741, on fit au profit de la chapelle l'acquisition de deux héritages près le *Clos de la Tour*.

La chapelle possédait en outre une constitution de 50 livres de rente au principal de 1,000 fr. sur le clergé de France.

Faits miraculeux. — Nous ne possédons aucun titre authentique des miracles qui ont pu s'opérer dans la chapelle de Notre-Dame de Gannes. Nous donnerons donc pour leur valeur relative, deux relations écrites, attestant deux faits prodigieux qui se sont passés dans cette chapelle. L'auteur de l'un de ces deux écrits a été témoin lui-même du dernier de ces deux faits :

Voici la première relation :

« En l'an 1740, un habitant de cette paroisse, sor-
« tant de sa cour avec une voiture de fumier, fut écrasé
« presque entièrement et tous ses membres brisés. S'é-
« tant réclamé à Notre-Dame-de-Bon-Secours, il s'est
« fait faire des béquilles, et fait transporter dans la
« chapelle devant l'image de la sainte Vierge, où il a
« été guéri miraculeusement, dont il a laissé ses bé-
« quilles dans la chapelle, et fait faire son portrait que
« l'on y voit aujourd'hui. Cet homme a été vu de tous
« les habitants, et a fait chanter un *Te Deum* en actions
« de grâces. Après un miracle si évident, chacun s'est
« transporté avec ardeur dans ce saint lieu. Les aveugles
« y recouvraient la vue, les muets la parole, les sourds
« l'entendement, les boiteux marchent droit, les para-
« lytiques, les hydropiques sont soulagés, les femmes
« enceintes qui invoquent son saint nom, sont heureu-
« sement délivrées, et leurs enfants reçoivent le sacre-
« ment de baptême; enfin de tous les maux elle est
« secourable. »

Deuxième relation :

« Au commencement de mai 1816, la nommée Marie-
« Catherine Coulon, décédée en 1810, avait une petite

« fille qui lors de son existence, était tombée dans le
« feu et avait eue la main brûlée. Cette femme s'est re-
« commandée à tous les Saints et a promis des pèleri-
« nages qui n'ont pas été accomplis. Après avoir été
« six ans dans le tombeau sans que la famille fut nul-
« lement tourmentée, au bout de ce temps, une de ses
« filles tomba comme perclue de tous ses membres et
« éprouvait des douleurs extrêmes. Cette fille disait
« à ses parents qu'elle voyait sa mère qui lui disait
« tout ce qu'il fallait faire au sujet des pèlerinages
« qu'il fallait accomplir. Toute la famille fut obligée de
« venir en pèlerinage à la chapelle de Notre-Dame-de-
« Bon-Secours pour obtenir la délivrance de cette
« pauvre malheureuse souffrante. Trente personnes
« sont venues à la fois à cette chapelle. Aucun des pa-
« rents de cette malheureuse souffrante n'éprouvait de
« souffrances dans leur pays. Mais à chaque fois qu'ils
« venaient en pèlerinage, aussitôt qu'ils arrivaient sur
« le territoire de Gannes, plusieurs femmes de cette
« famille commençaient à éprouver des douleurs ex-
« trêmes. Etant arrivées à la chapelle, les douleurs re-
« doublaient, et pendant que ces malheureuses femmes
« restaient à la chapelle, elles étaient étendues par
« terre, en présence de tout le public, et elles éprou-
« vaient des douleurs inouïes, se débattant sans cesse,
« s'arrachant la poitrine, et poussant des cris et des
« sanglots affreux. On voyait la sueur tomber de leur
« figure par les grandes souffrances qu'elles éprouvaient.
« On a acquitté, à certains jours, jusqu'à cinq messes
« pour la délivrance de ces pauvres souffrantes. Aussi-
« tôt qu'elles eurent achevé la neuvaine et les pèlerinages
« que leur mère défunte avait promis, cette famille a
« été parfaitement guérie et délivrée des peines et des
« souffrances qu'elle éprouvait. On ne peut pas douter
« de cet événement miraculeux, vu que c'est à la con-
« naissance de tous les habitants du lieu et de ceux des
« environs. »

Tremblement de terre de 1756. — « Le 6 avril 1756,
« sur les neuf heures du matin, on a senti un grand

« tremblement de terre, et les cloches ont sonné par
« plusieurs secousses, pendant deux heures entières. Le
« monde fort épouvanté s'est transporté à la chapelle de
« Notre-Dame-de-Bon-Secours de Gannes, et à l'église
« du lieu où l'on a chanté le salut pour demander à
« Dieu des grâces et des bénédictions. Cela a resté
« tranquille jusqu'au vendredi 30 avril, à neuf heures
« un quart du soir, que le tremblement a redoublé
« d'une force épouvantable. On a chanté le salut, et
« tout le monde a été en prières toute la nuit. Le lende-
« main, un grand nombre de peuples sont venus à
« pieds nus en pèlerinage à la chapelle. Les paroisses
« de Quincampoix, de Chepoix, de Welles, de la Hé-
« relle, de Catillon, de Plainval et de Tartigny sont ve-
« nues à pieds nus, en procession à la chapelle, pour
« supplier la sainte Vierge de vouloir bien prier son
« cher Fils Jésus-Christ d'apaiser sa colère et de nous
« préserver tous. Plusieurs saluts ont été chantés dans
« cette chapelle, et, lorsqu'on en disait un, une petite
« fille de six ans fit remarquer à tout le peuple que la
« sainte Vierge changeait de couleur, et chacun l'ayant
« regardée fixement, aperçut que la sainte Vierge était
« en sueur, et qu'elle avait les larmes aux yeux. La
« vénération du peuple, après un prodige si admirable
« a redoublé, et le tremblement de terre s'est arrêté de
« tous côtés. »

Nous félicitons les habitants de Sains de leur confiance si bien placée en Notre-Dame de Gannes, en celle
qu'on n'invoque jamais en vain.

J.-B. MARTINVAL.

Chan. hon., Doyen du canton de Ressons-sur-Matz,
Curé de Boulogne-la-Grasse,
Officier d'Académie.

BEAUVAIS, TYPOGRAPHIE D. PERE. — A. CARTIER, GÉRANT.

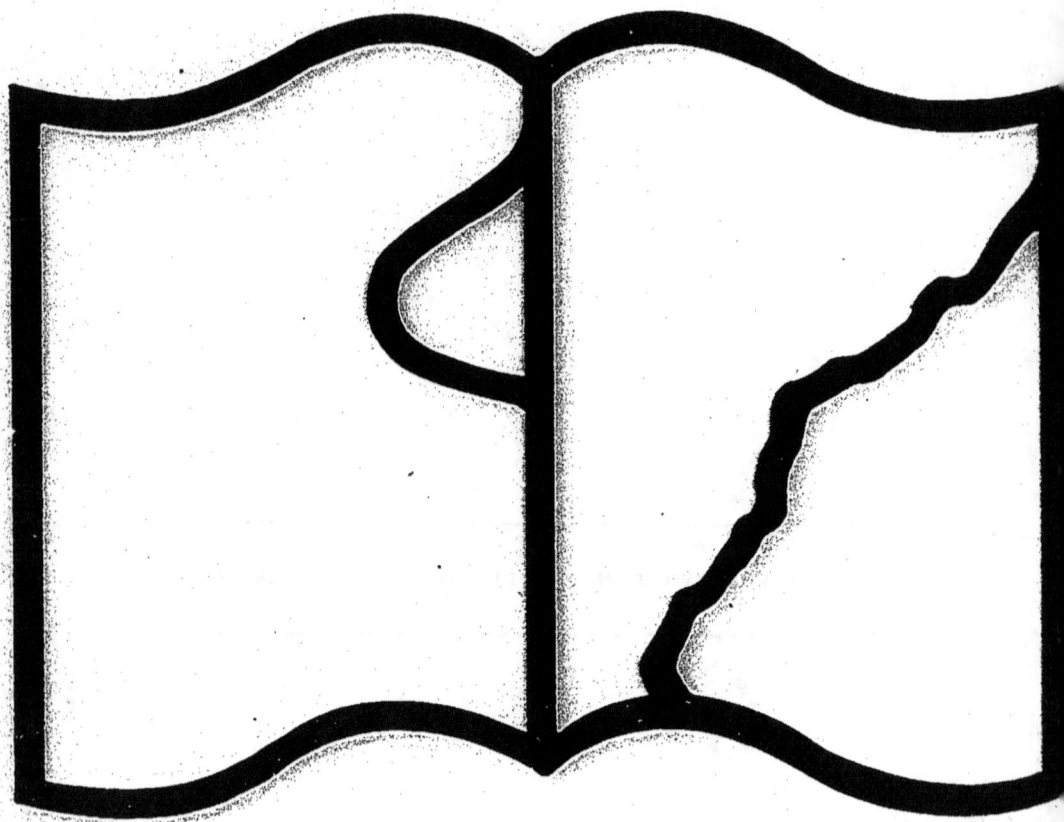

Texte détérioré — reliure défectueuse

NF Z 43-120-11

www.ingramcontent.com/pod-product-compliance
Lightning Source LLC
LaVergne TN
LVHW022121080426
835511LV00007B/961